KB003856

엄마에게

성공하는 수험생 엄마를 위한 양창순 박사의 감성 멘토링

글 · 양창순

gasse · 가쎄

엄마에게

성공하는 수험생 엄마를 위한 양창순 박사의 감성 멘토링

글 \ 양창순
사진 \ 윤병룡

초판 1쇄 인쇄 \ 2010년 10월 01일
초판 1쇄 발행 \ 2010년 10월 01일

펴낸 곳 gasse · 가쎄 [제 302-2005-00062호]

주소 \ 서울 용산구 한강로1가 용산파크자이 D 606
전화 \ 02.2071.6866
팩스 \ 02.2071.6877
인쇄 \ 정민문화사

ISBN \ 978-89-93489-08-8
값 \ 12,000 원

ⓒ 이 책의 판권은 저자와 도서출판 가쎄에 있습니다. 이 책의 내용 전부, 혹은 일부를 재사용 하려면
반드시 양측의 서면동의를 받아야 합니다.
www.gasse.co.kr

엄마에게

성공하는 수험생 엄마를 위한 양창순 박사의 감성 멘토링

글 · 양창순

gasse · 가쎄

엄마에게...

엄마에게

차례

차례

소위 '입시병'이니 '고 3병'이니 하는 게 과연 우리에게 어떤 의미가 있는 걸까?

정신 치료요법 가운데 하나인 로고테라피(의미치료)를 창시한 빅터 프랭클은 유대인이었다. 그가 제2차 세계대전 때 나치 수용소에서 살아남은 경험과 깨달음을 기록한 책 〈죽음의 수용소〉에는 이런 대목이 나온다.

"전쟁이 끝나가자 수용소를 감시하던 독일군들은 허겁지겁 도망을 가버렸다. 살아남은 수감자들은 '이대로 수용소에 남아 기다릴 것인가, 아니면 한 발자국이라도 먼저 연합군을 찾아갈 것인가' 하는 문제를 두고 논란을 벌였다. 그리고 자신의 의지에 따라 남는 자와 떠나는 자로 나뉘게 되었다. 그 결과, 떠난 사람은 모두 폭격을 맞아 죽었지만 수용소에서 기다리던 사람들은 연합군의 도움으로 살아남았다."

물론 프랭클은 후자의 경우였다. 이 사건이 있은 후 그는 인생과 인간이란 존재에 대한 생각을 담은 글을 남겼는데, 워낙 오래전에 읽은 글이라 정확히 기억할 순 없지만 대략 이런 내용이었다.

"인간이란 존재는 마치 큰 강물을 따라 흐르는 조약돌과 같다. 스스로 이리저리 방향을 바꿀 수는 있지만 강물의 흐름을 벗어날 수는 없다."

처음 이 글을 읽었을 때 난 커다란 충격을 받았다. 그의 말대로라면 인간의 의지로 행한 것처럼 보이는 모든 일들이 결국 미리 정해진 운명의 결과란 말인가 하는 생각 때문이었다. 그 후 '내 의지로 정한 것처럼 보이는 일들도 사실은 신이 만든 각본에 따라 이미 정해진 것이라면 대체 인간이 할 수 있는 일은 뭐란 말인가? 인간의 의지란 실존하는 걸까?' 하는 의문이 오랫동안 나를 붙잡고 놓아 주지 않았다.

그 대답을 얻기 위해 만난 신부님 앞에서 나는 "유다가 예수님을 배반한 것이 과연 그의 의지입니까? 아니면 유다 역시 이미 정해진 각본 속에 등장한 배우에 지나지 않습니까?"라는 질문을 던지고 그 질문에 대한 해답을 찾기 전에는 신앙을 가질 수 없다고 말했다. 그때 침묵으로 나의 시건방진 태도를 지켜보시던 신부님의 얼굴이 아직도 눈에 선하다.

그 후 길지 않은 세월을 살아오면서 빅터 프랭클의 주장처럼 결국 인간은 도도한 강물 속을 흐르는 하나의 작은 조약돌임을 깨닫고 그것을 믿음으로 받아들이게 되었다. 그토록 잘난 듯 보였던 인간의 의지가 얼마나 하찮은 것인지, 그리고 인생에서 정작 중요한 건 의지가 아니라 존재의 의미란 사실도 깨닫게 되었다.

소위 '입시병'이니 '고3병'이니 하는 것은 과연 우리에게 어떤 의미가 있는 걸까? 결국 마음먹기에 따라서 아무것도 아닌 게 될 수도 있고 인생에서 가장 큰 고통이 될 수도 있는 건 아닐까?

내 경험을 돌아봐도 그렇다. 내가 시험의 공포에서 벗어나게 된 건 전문의 자격시험까지 끝낸 후였다. 나이로 치면 서른 살 무렵이었다. 세상에 나이가 서른이나 되도록 해온 게 시험공부밖에 없다니, 너무 한심하게 느껴져서 다시는 시험 같은 건 보지 않겠다고 다짐했다. 하지만, 박사시험이니 뭐니 해서 결국 지긋지긋한 시험의 압박에서 완전히 벗어나는 데에는 이후로도 꽤 오랜 시간이 걸렸다.

그런 의미에서 이 책은 나 자신을 위한 것이기도 하다. 나 역시 수험 생활을 하면서 너무 힘들었고 지금은 두 아이를 키우면서 또다시 매일 부딪치는 문제이기도 하기 때문이다. 나 역시 아이들이 100점을 받아 오면 기분이 좋아지고, 그렇지 않으면 내가 일을 하느라 아이들을 제대로 돌봐주지 못해서 그런가 하는 죄책감으로 괴로워한다. 예민하고 생각이 많은 소녀였던 나의 수험생 시절은 결코 맘 편하지 못했다. 그때 품었던 갈등과 회의를 생각하면 그게 얼마나 고통스러운 일인지 너무나 잘 알기 때문에 같은 과정을 밟고 있는 내 아이들을 볼 때마다 한숨이 절로 나온다. 그나마 내가 그 끔찍한 시절을 견뎌낼 수 있었던 건 그 시간이 '단지 인생에서 내가 이루려는 것들을 얻기 위한 수단이지 결코 내 인생의 목표가 아니다'라는 오기 아니었을까.

유난히 잠이 많았던 난 온 집안 식구들이 잠든 시간에 혼자 깨어서 공부해야 한단 사실이 너무나 억울해서 운 적도 많았다. 그 시절을 생각하면 내 아이들에게 도저히 자지 말고 공부하란 말도 못하겠다. 살면서 체득하는 경험들이 그 어떤 지식보다 더 소중하단 사실을 깨달은 다음부터는 아이들에게 뭔가를 가르친다는 것 자체가 두렵기도 하다. 부모란 결국 자녀가 살아나갈 터전을 만들어 줄 수 있을 뿐, 그 터전에 무엇을 세우든 그건 아이들의 몫이 아닌가? 그 어떤 상황 속에서도 마음을 열고 긍정적인 시각으로 아이들을 믿어 주는 것이 부모가 할 수 있는 최선의 길이란 생각도 든다.

사회가 갈수록 복잡 다양해지다 보니 자식 하나 반듯하게 키우는 것도 쉬운 일이 아니다. 하지만 세상이 아무리 변해도 자식은 부모에게 사랑과 기쁨의 원천이다. 부모 노릇이 어렵다고 하지만 아이들이 성장하면서 안겨 주는 크고 작은 즐거움을 생각하면 웬만한 어려움은 상쇄되고 기쁨만 남는 게 부모 마음이다. 그러므로 아이들 키우는 일에 부모들이 먼저 세상에 주눅 들어 부정적이 될 필요는 없다고 생각한다.

사실 자식 키우는 일처럼 부모가 신명 나게 할 수 있는 일이 어디 있는가. 이 책을 읽는 어머니나 학부모들이 그런 생각들을 나와 함께 공유할 수 있다면 더 바랄 것이 없겠다. 적어도 내가 임상에서 만났던 많은 어머니가 겪은 아픔이 독자들에게 전달되어 다시금 그 해결책이 무언지에 대해 생각할 기회만 제공할 수 있어도 행복하겠다.

여는 글

대학을 졸업하고 한참이 지난 후까지도 난 힘든 일이 있을 때마다 시험을 망치는 꿈을 꾸곤 했다. 답안지는 텅 비어 있고 어디서부터 손을 대야 할지 막막하기만 한데 어느새 마감종이 울린다. 미칠 것 같은 심정으로 허둥대다가 어느 순간 깨어 보면 꿈이다. '아, 꿈이었구나!' 하는 생각에 안도의 한숨을 내쉬다가 이 나이가 되도록 여전히 시험의 공포에서 벗어나지 못하는 현실이 너무나 어처구니 없어서 씁쓸히 웃어 버린 적이 한두 번이 아니었다.

학창시절에 겪었던 시험의 고통을 어떻게 말로 다 표현할 수 있을까. 그건 마치 강도가 칼을 들고 쫓아오는데 한 발자국도 움직일 수 없는 악몽과도 같았다. 그것도 매일 되풀이되는 악몽 말이다. 아침에 눈을 뜨면 가장 먼저 떠오르는 건 그날 해치워야 하는 공부의 양이었다. 그 생각만 해도 가슴이 답답하고 숨이 막혔던 기억. 그러다 막상 밤이 되어서 잠자리에 누우면 잠보다 먼저 달려드는 건 죄책감이었다. '과연 이 시간에 자도 되는 걸까? 친구들은 지금도 안 자고 공부할 텐데….' 하는 죄책감. 새장에 갇힌 새처럼 온몸을 조여드는 구속감에 버둥거려 보지만 연약한 날개로 아무것도 할 수 없다는 자괴감은 왜 그리 시도 때도 없이 찾아드는지. 새가 자신의 운명이 다하는 날에야 새장을 벗어날 수 있듯 나 역시 대학 합격이라는 관문을 통과하지 못하면 족쇄에서 벗어날 수 없는데, 문제는 과연 내가 대학에 들어갈 수 있을지 나 스스로 확신을 할 수 없으니 미칠 노릇이었다.

지금도 나의 고3 시절을 생각하면 떠오르는 건 온통 칙칙한 회색 빛깔뿐이다. 그래도 싱그러운 열아홉 시절이었으니 초록빛 추억이 왜 없으랴만 순간적으로 그 잿빛에 묻혀 버리고 마는 것이다. 그 무렵 우리가 유일하게 스트레스를 푸는 방법은 방과 후 어둑한 시간에 학교 옥상에 올라가 미친 듯이 소리를 지르는 것뿐이었다. 아마도 정신과 의사가 우리의 그런 모습을 보았다면 '집단 히스테리'라고 진단했을 것이다.

수업 시간에 선생님의 질문에 미처 대답을 못하면 "학교 때려치우고 나가서 식모나 되라"던 선생님의 불호령. 그럴 때마다 자존심은 여지없이 무너져 내렸다. 대학에 합격하는 것만이 인생의 전부는 아니며 행복은 결코 성적순이 아니라고 애써 자위해본 순간도 없지는 않았다. 하지만 매달 복도에 나붙는 모의고사 성적표와 부모님의 걱정 어린 눈길을 마주할 때면 그런 생각은 다시 싹 사라지고 마음이 안주할 곳은 어디에도 없다는 생각뿐이었다.

그 시절을 돌아볼 때마다 또 하나 떠오르는 건 점심시간에 잠깐 쪼이던 햇살이다. 그 따스한 햇볕 속에서도 우리는 미래에 대한 불안감과 공포에 얼마나 마음 졸였던가. 어느 날 그 감정에 짓눌려 우리 곁을 떠난 한 친구의 정신병원 입원 소식은 또 얼마나 우리를 우울하게 했던가.

새벽에 학교로 향하면서도 잡지 인터뷰에서 본 일류대 합격자의 수기 '나는 이렇게 공부했다.'를 떠올리며 손바닥에 영어 단어를 써서 외우던 일. 어두운 새벽빛에 손바닥의 철자는 제대로 보이지 않고 "그 사람은 손바닥이 야광이었나 봐" 하며 투덜거리던 적도 있었다.

잘 외워지지도 않는 쓸데없는 것들과 씨름하며 학문에 대해 느꼈던 회의, 마지막에 가서는 '왜 하필 내가 한국이란 나라에 태어나서 이런 기막힌 시절을 보내야 하는 걸까?' 하는 생각에 절망하던 기억들. 그러다 보면 결국은 삶 자체에 대해서까지 회의를 품지 않을 수 없었다.

이처럼 수험생이었던 내 모습이 아직도 기억에 생생한데 어느새 내 아이가 그 길에 접어들고 말았다. 어느 날 문득 그 사실을 깨닫고 화들짝 놀라는 순간 목구멍에 차오르던 두려움의 감정. 정신과 의사인 내가 이런데 다른 학부모들의 심정은 오죽하랴 싶어 너무도 깊은 허탈감에 빠진 일도 있다.

어떻게든 놀 구실을 만들려고 애쓰는 아이와, 그런 아이를 어떻게든 책상 앞에 앉히려는 부모의 마음이 서로 갈등으로 부딪친다. 머리로는 안다. 내가 간섭한다고 아이의 성취동기가 높아지는 건 아니란 사실을. 하지만 다른 부모들과 이야기를 나누다 보면 '나만 이렇게 아이를 방치해도 되는 걸까' 하는 불안감이 다시 초조함으로 줄달음친다.

어느 날 아이와 이런저런 문제로 다툰 적이 있다. 그러던 중 아이 입에서 톡 튀어나온 말. "내 인생은 내가 알아서 할 테니까 간섭하지 마세요!" 문을 쾅 닫고 나가 버리는 아이의 뒷모습을 지켜보며 느껴야했던 충격. 그건 이론과 현실이 다르다는 사실을 깨닫는 순간에 찾아오는 고통이었다. 그래도 명색이 정신과 의사이니 아이 눈에도 어딘가 다른 엄마로 비춰지고 있을 거라는 내 환상과 과대망상이 여지없이 깨지는 순간이기도 했다. 결국 아이에게는 내가 간섭이나 하는 잔소리꾼 엄마일 뿐이었던 것이다.

"그래, 너 잘났다. 누구는 착한 엄마 노릇 하기 싫어서 이러는 줄 아니? 다 너 잘되라고 그러는 거지!"

이미 나가 버린 아이의 뒤통수에 대고 오금을 박다가 문득 어디서 많이 들어 본 대사라는 생각에 그만 피식 혼자 웃고 말았다.

"너 잘되라고 그러지. 나 잘되자고 이러는 거니?"

대한민국 모든 어머니의 세리프 – 다 너 잘되라고 이러지, 나 잘되려고 이 고생하는 줄 아니? – 모든 어머니에게 이 말만큼 진실한 것도 없다. 이 세상에 자식 잘못되길 바라는 부모가 있을까? 하지만 한 발자국만 여유를 가지고 돌아보면 아이를 위한다고 하는 일들이 사실은 모성의 조급증 때문은 아닌지 반성해볼 필요가 있다.

어느 날 방송에서 '내 아이만은 특별해요.'라는 광고 문구를 듣는 순간 당혹스러웠던 기분을 오래 떨쳐 버리지 못한 적이 있다. 나 역시 내 아이만은 뭔가 다르고 특별하기를 바란다. 하지만 겸손이 최대의 미덕이며 나보다 남을 먼저 생각하는 마음이 가장 가치 있는 덕목이라고 교육받으며 자라 온 세대에게 그 광고는 아무래도 충격이었다. 그러면서 내가 생각한 것은 나를 포함한 모든 어머니들이 겉모양이야 어쨌든 내 아이만은 특별하다는 의식, 아니 특별해야 한다는 그 의식 때문에 조급증에 휘둘리고 있지는 않은가 하는 의문이었다. 하긴 〈호밀밭의 파수꾼〉으로 유명한 미국의 작가 샐린저는 그런 어머니들의 마음을 두고 이렇게 일갈했다.

"이 세상의 어머니는 누구나 다 조금씩 미쳐 있다. 세상의 모든 어머니는 자기 아들이 가장 잘난 아이란 얘기를 듣고 싶어 한다."

하지만 그런 생각이 모성본능에서 기인한 것이라면, 우린 본능적인 사랑만으로 자녀를 제대로 키울 수 없단 사실 또한 알고 있다. 이런 감정에 의지의 힘이 뒷받침될 때 모성애는 참된 힘을 발휘한다. 적어도 이론상으로는 그렇단 얘기다. 문제는 이론과 현실 사이의 괴리인데 이 틈새를 메우는 게 그리 간단하지가 않다.
언젠가 '수험생의 건강관리'라는 방송프로그램에 출연한 적이 있다. 매체의 속성상 제한된 시간에 교과서적인 이야기를 늘어놓는 게 고작이었는데, 방송이 끝나고 나서 스태프 중 한 사람이 이렇게 말했다.

"저도 수험생을 둔 학부모인데요, 이론과 현실은 참 다르더군요."

그게 바로 우리 인생의 영원한 딜레마가 아니겠느냐고 대답해 주려다가 얘기를 하는 사람의 어투가 너무 심각해서 그냥 고개만 끄덕이고 말았다.

엄마에게

누구나 이론상으로는 행복은 성적순이 아니란 사실을 잘 알고 있다. 하지만 누가 일류대학 출신이라고 하면 무조건 후한 점수부터 줘본 경험은 누구나 한 번쯤 있을 것이다. 어쩌면 우린 알게 모르게 사람의 첫인상이 학벌로 결정되고 웬만한 단점은 모두 그 학벌 속에 묻혀버리는 풍토를 세습해 오고 있는지도 모른다. 그래서 어쩔 수 없이 내 자식에게도 일류대 진학을 강요하고 그 아이는 또 그다음 세대에게 고스란히 그런 풍토를 세습하고 있는 것이다. 그러다 보니 성공적인 부모 역할의 척도 역시 자식을 명문대에 진학시키느냐 못 시키느냐로 결정되는 세상이 되고 말았다.

더구나 실패했을 때 우리 사회는 그걸 마치 어머니의 책임인 양 호도하는 경향마저 보이고 있다. 어머니들 역시 그 문제에 대해 깊은 성찰을 하기보다 우선 실패하면 안 된다는 중압감에 몰려서 조급해하고, 만일 실패하면 모두 자기 탓이라고 굳게 믿고 고통스러워하기도 한다. 그래서 자연히 아이들에게는 '나 잘되자고 이러니?' 하고 볼멘소리를 터뜨릴 수밖에 없다. 그게 우리 어머니들의 현실이다.

엄마는
샌드위치 세대

신경정신과에는 이런저런 이유로 자식 때문에 고통받는 엄마들이 참 많이 찾아온다. 특히 입시 철이 되면 수험생과 똑같이 불안하고 초조해하며 잠도 못 이루고 식욕부진에 시달리는 중년 여성들이 많아진다. 언뜻 보기에는 과거 희생만 강요당하던 어머니상과 많이 달라진 듯 보이는 그들에게도 고민은 많다.

"우린 샌드위치 신세예요. 왜냐고요? 모든 걸 참고 살아왔던 구세대 시어머니와 철저히 개인주의에 물든 자식들 사이에 꼼짝없이 짓눌려 사니까요."

이렇게 주장하는 대부분의 중년 여성들은 자신의 자아와 정체성을 찾고 싶어 한다. 하지만 그게 절대 쉽지 않단 사실이 그들을 절망에 빠뜨린다. 전에 없이 자유로워진 것 같지만 그건 어디까지나 겉모습일 뿐, 실제로는 과거의 굴레에서 한 치도 벗어나지 못한 데서 오는 갈등도 만만치 않다. 오히려 화려한 겉모습 때문에 아무 데나 하소연할 수도 없다. 그러다 보면 소외감만 더욱 가중된다.

"게다가 자식이 고3 수험생이라도 되면 집에서는 꼼짝없는 죄인이에요. 무슨 살얼음판 위에 사는 것 같아요."

엄마에게

많은 어머니들이 그렇게 말한다.

이건 남 얘기가 아니다. 이 책을 쓰게 된 동기도 나를 포함해서 그런 어머니들과 함께 뭔가 도움이 될 만한 실마리를 찾아보려는 것이다.

에릭 시걸의 소설 〈닥터스〉를 보면 주인공인 정신과 의사가 정식으로 정신분석가가 되기 위해 자신의 스승에게 정신분석을 받는 대목이 나온다. 여기서 주인공은 끊임없이 자기 어머니에 대해 이야기한다. 또 주인공의 친구가 "너희 정신과 의사들은 엄마 얘기 빼면 어떻게 사냐?"라고 놀리는 장면도 있다.

정신과에서는 인간의 모든 감정의 시작을 어머니와의 관계에서 찾고 있다. 나 역시 수많은 환자들을 대하며 그들에게 가장 많은 사랑과 미움의 응어리를 갖게 한 대상이 어머니란 사실을 거의 매번 경험한다.

어머니는 우리가 태어나 최초로 만나는 세상이다. 따라서 어머니와의 관계가 어떻게 전개되느냐에 따라 이 세상은 두렵고 무서운 것이 될 수도, 마음껏 꿈을 펼치고 신뢰할 수 있는 곳이 되기도 한다.

어머니의 정신 건강이 중요한 이유도 여기에 있다. 어머니 자신이 분명한 자의식과 정체성을 지니고 있으면 아이와의 관계에서도 건강하고 이성적인 판단을 내릴 수 있다. 반대로 지나치게 감정적인 엄마, 남이 하니까 나도 해야 한단 식으로 시류에 휩쓸리거나 아이를 소유물로 생각하고 실패한 내 인생을 아이를 통해 보상받으려는 엄마와 자녀 사이에는 건강한 관계가 형성되기 힘들다.

아이들이 자랄수록 어머니의 자리는 점점 줄어들게 마련이다. 아마도 아이에게 어머니의 자리가 마지막으로 크게 남아 있는 건 고 3시절이 아닐까. 이때 마지막 전쟁을 치르고 나면 아이는 부모로부터 완전한 독립을 선언하게 되는 것이다. 학부모가 고3 수험생이 된 아이와 함께하는 1년이란 시간을 전쟁에 비유하는 게 결코 과장이 아니란 사실을 우리는 너무나 잘 알고 있다. 문제는 1년이란 이 시간을 아이와 어떻게 잘 극복해 가는가 하는 건데, 그게 참 쉽지 않다. 이 책은 그 해답을 찾기 위한 내 나름의 작은 시도이다.

정신과 의사라는 직업적 특성상 지금까지 자녀들의 입시문제로 고민하고 갈등하는 학부모, 특히 수많은 어머니를 만나 왔다. 그리고 그들을 통해 많은 것을 보고 배운다. 이 책을 임상 사례 중심으로 꾸미게 된 것도 그런 배경 때문이다. 타산지석이라고, 남을 통해 나를 보고 잘못된 점을 고쳐 나가는 것도 고민과 갈등을 치유하는 한 방법이 되리라 믿기 때문이다.

제 1 장

뒤로 가는 부모,
옆으로 가는 아이

언젠가 아이의 시험공부를 도와주다가 문득 교과서 내용이 내가 배울 때와 별반 다르지 않단 사실을 알고 몹시 한심한 기분에 빠진 일이 있다. 나의 학창시절과는 비교도 안 될 만큼 모든 면에서 눈부신 발전이 이루어졌는데 아이들의 교과서 내용은 거의 그대로라니, 우리 교육의 현주소를 그대로 들여다본 느낌이었다.

물 위에 사는 벌레, 물속에만 사는 벌레, 물속과 물 위에 다 같이 사는 벌레⋯.'

한 번도 직접 눈으로 본 적 없는 그 많은 벌레의 이름을 일일이 외우는 아이가 불쌍하고 사지선다형에서 그 벌레 이름을 고르는 문제를 선택할 수밖에 없는 교육 현실이 안타까웠다.
양복을 예복으로 입는 사회에서 나 혼자 청바지가 예복이라고 우길 수는 없다. 백번 양보해서 교육제도보다 그 제도를 운용하는 사람들의 자질과 태도가 더 중요한 거란 생각도 해보지만, 지금의 이런 현실이 앞으로도 별로 달라질 것 같지 않다는 절망감 앞에서는 또다시 참담한 기분이 들고 만다.

우리나라 사람들이 좋아하는 말 가운데 세계 1위, 세계 최고란 말들이 있다. 실제로 그만한 실적을 올리는 분야들도 꽤 많다. 그런데 어쩐 셈인지 교육 분야만은 20년 전이나 지금이나 조금도 달라진 게 없다.

엄마에게

오늘날 우리 아이들과 어머니들이 공통으로 겪는 입시병과 입시 불안도 잘못된 교육제도의 소산이다. 아무리 부모와 아이가 이런 상황에서 벗어나려 해도 제도가 개선되지 않으면 악순환에서 벗어날 도리가 없다. 아침이면 저절로 가고 싶어지는 학교, 죽은 학문은 교과서에서 과감히 찢어 내고 공부에 뜻이 없는 아이들은 조기에 적성을 찾아서 미래를 준비할 수 있도록 길을 알려주는 그런 학교를 만든다면 '입시병'이나 '입시 지옥' 같은 단어는 저절로 사라지지 않을까. 물론 지금과 같은 우리 현실에서는 꿈같은 얘기지만 말이다.

1. 임상을 통해 바라본 입시 불안과 입시병

실전에 강한 사람은 정말 따로 있을까

평소에 공부도 안 하고 놀기만 하는 것 같은데 시험만 보면 성적이 잘 나오는 사람이 있다. 그런가 하면 거꾸로 자나 깨나 죽어라 시험 공부만 하는데도 성적이 잘 나오지 않는 사람도 있다. 그래서 우린 '실전에 강한 사람', '시험만 보면 망치는 사람'이란 말을 한다. 그런가 하면 어떤 사람은 실패하고 난 뒤에 더 분발해서 좋은 결과를 얻기도 하지만 주변의 기대를 한 몸에 받던 사람이 단 한 번의 실패를 하고 난 뒤에 영영 폐인이 되는 수도 있다. 그 차이는 어디에서 기인하는 걸까? 어떻게 하면 내 아이를 '실전에 강한 아이'로 키울 수 있을까?

해답은 의외로 간단하다. 아이로 하여금 시험불안증을 덜 겪게 하여주면 되기 때문이다.

물론 어느 정도의 시험 불안은 누구나 경험하게 된다. 시험이란 자신의 능력을 객관적으로 평가받는 상황이다. 불안한 게 당연하다. 예를 들어 시험공부를 해야 하는 데 시험과 전혀 상관없는 책이 갑자기 읽고 싶어지거나 조금 공부하다 말고 군것질을 반복하는 행동, 자꾸 딴 일을 하거나 공상을 즐기는 것 역시 모두 시험 불안에 해당한다.

나 역시 원고를 써야 하는데 한 줄 쓰고 엉뚱한 책 한 번 보고 또 한 줄 쓰고 커피 한 잔 마시는 경우가 허다하다. 느닷없이 컴퓨터 사용법을 숙달하겠다고 바쁜 와중에 이것저것 들쑤셔 본 적도 많다. 이 모든 현상은 '마감 전에 원고를 끝낼 수 있을까?' 혹은 '사람들이 이 책을 보면서 흉을 보지나 않을까?' 하는 염려와 불안으로 수행 능력이 떨어졌기 때문에 벌어지는 일이다. 대부분의 사람들은 실패 자체보다 실패했을 경우 다른 사람들로부터 쏟아질 비난을 더 두려워한다. 그런 비난을 피하고 싶다는 마음이 클수록 불안감도 더 커지게 마련이다. 시험 불안도 마찬가지다. 시험을 앞에 두고 아이들이 두려워하는 것도 원하는 성적이 안 나왔을 때 부모나 주변 사람들이 보일 반응인 경우기 많다. 무엇보다 비난이 두려운 것이다. 그러다 보니 잘해야겠다는 압박감은 커지고 덩달아서 불안감도 눈덩이처럼 불어나는 것이다.

따라서 부모는 아이에게 지금 있는 그대로의 아이 모습과 성적을 받아들일 준비가 되어 있단 사실을 알려줄 필요가 있다. 그리고 언제라도 아이를 격려해 줄 준비를 갖추고 있어야 한다. 그렇게만 해주어도 아이들은 시험 불안에서 어느 정도 자유로울 수 있다. 다음의 사례가 그것을 보여준다.

시험 때만 되면 아프고 토하는 아이

형제 중에서 장남인 고등학교 2학년 남학생의 경우이다. 초등학교부터 시작해서 중학교 3학년까지 전교 수석을 놓친 적이 없는 아이는 부모님 말씀도 잘 듣고 친구 관계도 원만한 모범생이었다. 당연히 특목고를 지원했는데 어찌 된 셈인지 불합격했다. 본인도 부모도 실망이 몹시 컸다.

아이는 일반 고등학교에 진학한 후로는 성적이 떨어지기 시작하더니 시험 때만 되면 배가 아프고 구토 하는 증세를 보이기 시작했다. 병원에 가보았지만 아무 이상도 없다는 진단을 받았다. 부모는 야단도 치고 유명한 과외 선생도 구해 보았지만 결과는 나아지지 않았다.

2학년이 되면서 성적은 점점 더 떨어지고 급기야 야단을 치는 부모에게 전에 없이 대드는가 하면 난폭한 행동도 서슴지 않았다. 집안 분위기는 침울하게 가라앉게 되었고 결국 부모는 아들을 데리고 정신과를 찾게 되었다. 환자는 주로 집중력 곤란을 호소했다. 특히 시험 때만 되면 머릿속이 안개가 낀 듯 흐려지면서 공부한 내용이 하나도 기억나지 않는다고 했다. 특목고 진학에 실패한 후로는 부모님이나 주변 사람들이 자기를 비웃는 것 같아서 괴로웠지만 미안한 마음에 잘해 보려고 해도 결과는 점점 나빠지기만 했다는 것이다.

아이는 시험 불안과 가벼운 우울증 진단을 받고 약물 투여와 함께 가족 치료를 시작했다. 부모는 첫 번째 면담에서 실패를 극복하지 못한 환자에게 짜증과 실망감을 표현했다. 하지만 면담이 진행되면서 환자의 무거운 마음을 이해하고 자신들이 장남에게 지나친 기대를 해왔음을 인정하게 되었다. 그리고 그러한 마음을 아들에게 적극적으로 표현했다. 그제야 아이는 우울증세를 회복하며 시험 불안에서도 어느정도 벗어날 수 있었다.

엄마에게

수학에 대한 공포 -
수학 잘하면
머리가 좋다?

시험 불안의 일종으로 '수학에 대한 공포'라는 게 있다. 수학을 잘하면 머리가 좋고 못하면 머리가 나쁘다는 고정관념에서 비롯된 일종의 공포증이다. 초등학교 때는 누구나 모든 과목을 다 잘할 수 있다고 생각한다. 하지만 고등학생이 되면 남녀 학생들 모두 남학생이 더 수학을 잘한다고 생각하게 된다고 한다.

흥미로운 점은 똑같이 수학을 잘 못해도 여학생들은 자신의 능력이 모자라서 그런 거라 생각하고, 남학생들은 자신이 노력을 안 해서 그런 거라고 생각한다는 점이다.

수학성적의 성별 차이는 중학교 2, 3학년이 되면서부터 나타난다고 하는데, 사실 그건 여학생의 수학 능력이 떨어져서가 아니라 서로 다른 학업 과정의 차이라는 설이 유력하다. 실제 능력의 차이가 아니라 남녀의 능력에 관한 사회적 편견과 그러한 편견으로 말미암은 자기 최면효과 때문이 아닌가 싶다.

자신의 능력에 대해 스스로 가지고 있는 고정관념의 한계가 더 문제인 셈이다. 여기에 주위 사람들의 평가가 막강한 힘을 보태는 것이다.

수학 성적 때문에 상업학교에 진학한 남학생의 갈등

이 남학생은 중학교 때부터 특히 수학을 싫어했다. 그래서 수학 시간이 있는 날은 학교 갈 생각만 해도 아침부터 배가 아프고 소화가 되지 않았다. 학교에 가기

싫어서 떼를 쓰고 싶었지만, 워낙 무서운 아버지 때문에 억지로 학교에 가곤 했다. 그래도 중학교 2학년 때까지는 중간 정도의 성적을 유지했지만 3학년이 되자 성적은 더 많이 떨어졌다. 결국 그런 성적으로는 인문계에 진학해도 별 볼일 없다는 아버지의 강압에 못 이겨 상업학교에 진학하게 되었다. 자신이 가고 싶지 않은 상고에 진학한 후 그 남학생의 증상은 더 악화되었다.

친구들이 말을 거는 것도 두렵고 싫었으며 상고의 과목들이 다 수학과 관계있는 것도 아이를 진저리치게 만들었다. 한편으로는 그런 자기 자신이 무능하고 형편없는 인간 같아서 우울했고 잠도 잘 잘 수 없게 되었다. 잠을 자도 사람이 죽어가는 악몽에 시달리는 밤이 반복됐다. 성적은 하위권을 맴돌았고 그런 성적표를 보여주는 게 두려워서 가출까지 했다.

그러다 어느 날 아버지에게 흠씬 두들겨 맞고 난 뒤부터는 불안증세가 더욱 심해졌다. 누가 자기를 죽이려고 미행한다며 차라리 먼저 죽어버리겠다고 벽에 머리를 박고 스스로 목을 조르기까지 하다가 결국 입원하게 되었다.

부모의 기대치가 높을수록 시험불안도 커진다

이러한 시험 불안의 강도는 왜 아이마다 서로 다른 걸까? 물론 가장 큰 요소는 아이의 성격이다. 소심하고 내성적이며 매사에 완벽을 추구하는 강박증이 있는 아이일수록 시험 불안은 그만큼 더 크게 마련이다.

또 한 가지 중요한 요소는 부모가 아이에게 거는 기대치이다. 부모의 기대치가 높을수록 아이들의 시험 불안도 커진다. 시험을 망쳐 부모의 기대에 못 미치면 부모에게 거절당하거나 사랑받지 못할지 모른다는 걱리 불안이 아이들을 자극하기 때문이다.

아이들은 부모에게 부정적인 평가를 받을 경우 자기 자신에 대한 부정적인 이미지를 고정하게 되고 이것은 부모에 대한 적대감을 불러일으킨다. 이런 적대감은 다시 죄책감을 불러오고 아이들은 감히 부모에게 적대감을 갖고 있다는 사실 때문에 부모에게 복수를 당하지 않을까 하는 위협을 무의식적으로 느낀다. 아이들은 이때부터 그런 위협에서 자신을 스스로 지키기 위해 부모의 기대에 부응하고 부모를 기쁘게 하려고 행동하게 되는데 이것이 제대로 이루어지지 않을 때 심한 불안상태에 놓이게 되는 것이다. 또 이런 아이들은 부모에게 지나치게 의존적이 되어 부모의 도움이 없는 상황에서 치르게 되는 시험에 불안을 느낄 수밖에 없다.

부모가 지나치게 간섭하고 통제하고 야단을 자주 칠 때에도 아이들은 성격적으로 불안한 상태에 빠질 가능성이 크다. 부모가 자립심을 길러주는 교육을 너무 빨리 시작하거나 반대로 너무 늦게 시작할 때도 아이들은 실패에 대한 두려움을 갖게 된다.

대부분의 부모가 자식에게 헌신적인 만큼 그 기대치도 높게 마련이다. 따라서 아이들은 부모에 대해 보답해야 한다는 생각, 책임의식, 죄의식 등으로 극심한 시험 불안을 느낄 수밖에 없는 것이다.

부모는 자녀에 대한 기대치를 조금만 낮추고 그 대신 그 아이들에게 스스로 문제를 해결할 수 있다는 자신감을 불어 넣어 줄 필요가 있다.

콩쿨을 앞두고 손가락이 마비된 여학생

고1 여학생이 시험 시간에 갑자기 의식을 잃고 쓰러져서 응급실로 실려 왔다. 하지만, 병원에 도착한 여학생은 곧바로 정신을 차렸고 정밀검사 결과 몸에는 아무 이상도 없었다. 그런데도 자꾸 머리가 아프고 온몸이 꼬이는 것 같다고 여러 증상을 호소해서 결국 정신과로 오게 되었다.

이 여학생은 면담이 진행되는 동안 조금만 이야기가 길어지면 쓰러질 것 같다며 자꾸만 누우려고 했다. 일류대학 출신 부모의 외동딸로 태어난 여학생은 어릴 때부터 악기를 배웠고 어머니는 딸의 음악 교습이 있는 날이면 함께 따라가서 자기도 공부를 하며 아이에게 연습을 시키곤 했다. 초등학교 때부터 친구와 놀 시간도 없이 과외공부와 음악 교습에 시달린 여학생은 어머니의 성화에 못 이겨 콩쿨에도 자주 출전해야만 했다. 콩쿨이 다가오면 반드시 유명한 음악선생에게 특별 교습도 받았다. 아이가 너무 힘들어서 연습을 조금이라도 게을리 하거나 혹은 친구들과 어울리려고 하면 가차없이 벌이 주어졌다.

회사일 때문에 늘 바쁜 아버지는 늦게 들어오는 날이 더 많았고 일찍 귀가해도 딸에게는 별 관심이 없었다. 그러던 어느 날부터인가 환자는 악기연주를 시작하려고 하면 손을 떨기 시작했다. 어떤 때는 한참을 쉬어야 연주할 수 있었고 그럴 때마다 어머니의 성화는 대단했다. 심지어 아이의 머리채를 휘어잡으며 야단을 친 적도 있었다.

아이는 그런 어머니가 밉다가도 곧 마음을 바꿔먹고 자기를 위해 희생하는(어머니는 딸을 음악가로 성공시키기 위해 자신이 얼마나 큰 희생을 치르고 있는지를 항상 강조했다.) 어머니를 기쁘게 해 드리기 위해서라도 잘해야겠다고 결심하고는 했다. 하지만, 학년이 올라가면서 자신이 예술가로서 아무런 소질도 타고나지 않았단 사실을 깨닫고 괴로워했다. 그렇다고 이미 딸의 유학 준비를 위해 동분서주하는 어머니에게 사실대로 고민을 털어놓을 수도 없었다. 그러다 언제부턴가 호흡이 가빠졌고 소화불량과 현기증에 손목과 어깨에 통증까지 느끼게 된 것이다. 하지만 어머니는 그런 아이를 병원에 끌고 가서 주사까지 맞혀가며 콩쿨 준비만 시켰다. 그리고 결국은 시험 시간에 졸도하는 일이 벌어진 것이다.

이 여학생은 전환신경증이란 진단을 받았다. 전환신경증은 심리적 갈등이 원인이 되어 몸의 감각기관이나 운동기관에 갑작스러운 기능 상실이 초래되는 병이다.

이 여학생의 경우 어머니에 대한 양가감정, 즉 사랑과 미움이 공존하는 감정이 생긴다는 사실을 받아들이기 어려워했다. 그런 증상을 일으킨 것도 자신에게 그토록 헌신적인 어머니를 미워하는 감정을 받아들일 수 없기 때문이다. 그러면서도 한편으론 그런 증상을 일으키면 본인이 싫어하는 이 상황에서 회피할 수 있단 생각이 무의식적으로 작용한 경우라고도 할 수 있다.

자녀의 시험성적은 부모 역할의 바로미터?

학부모들과 이야기를 나누다 보면 자녀의 시험성적이 마치 부모 역할의 바로미터 구실을 하는 것 같은 느낌을 받을 때가 잦다. 반대로 아이들은 좋은 성적을 받는 것이 곧 부모에게 효도하는 거로 생각하는 경우가 대부분이다. 잘못되어도 뭔가 한참 잘못되었다고 생각하는 사람은 나 한 사람뿐일까? 이런 상황에서 부모의 기대에 어긋나지 않도록 열심히 공부해서 일류 대학에 합격해야 한다는 부담을 안고 있는 아이들이 시험을 치를 때마다 얼마나 마음 졸이고 스트레스 받을지를 생각하면,

정신과적 질환까지 종종 일으키는 건 당연한 귀결이다. 아이들만 시험 불안에 시달리고 스트레스 받는 게 아니다. 부모 역시 아이들의 시험 때문에 강박적인 스트레스를 받고 있다. 게다가 시험 불안을 이기지 못한 아이들의 자살 이야기가 심심치 않게 신문 기사에 오르내릴 때마다 '혹시 내 아이도?' 하며 불안한 마음을 갖게 된다. 자신이 지금 아이를 제대로 뒷바라지하고 있는 건지 도무지 자신이 없다. 같은 학부모끼리 얘기 해봐야 모두 비슷한 생각과 고민을 하고 있을 뿐 별 도움이 되지 않는다. 그러다 보니 아이의 시험 점수가 좋으면 '아, 내가 그래도 부모 노릇 잘하고 있구나' 하며 아이 성적을 부모 역할의 바로미터로 삼게 되는 것이다.

부모가 일반적으로 다음과 같은 유형 가운데 한 가지 경우에 속하면 아이들은 보통 극심한 시험 불안 증세를 나타낸다.

첫째, 자식에게 냉담하고 쌀쌀맞으며 칭찬에는 인색하지만 잘못은 혹독하게 나무라는 부모
둘째, 아이가 뭘 물어봐도 짜증을 잘 내고 대답을 잘 안해주는 부모
셋째, 아이의 요구를 무시하는 부모
넷째, 아이가 집에 친구들을 데려오는 걸 싫어하는 부모

이런 부모 밑에서 성장하는 아이들은 시험뿐 아니라 궁극적으로 인생에

대해서도 심각한 불안과 위협을 느끼는 어른으로 성장할 가능성이 높다. 그러나 자신은 부모로서 최선을 다한다고 여기며 아이들 뒷바라지에 온갖 정성을 기울였는데 그게 오히려 아이에게 부담되어 극심한 시험 불안 증세를 보이는 일도 있다. 어느 쪽이든 부모로서 아이들을 어떻게 키우고 있는지 한 번쯤 돌아보고 반성할 필요가 있다.

전교 1등 자리를 지키려다가 정신분열증을 일으킨 남학생

부모가 모두 명문대 출신이고 자부심도 대단한 가정의 외아들인 이 남학생은 고등학교 1학년이었다. 중학교 때는 언제나 전교 1, 2등이었고 부모는 당연히 고등학교에서도 아들이 전교 1등을 할 거라고 믿어 의심치 않았다.

하지만, 아들의 상황은 전혀 달랐다. 자기보다 훨씬 뛰어나 보이는 아이들이 많아진 상황에서 전교 1등자리를 지켜야 한다는 부담감이 너무나 커진 것이다. 그러다 보니 자연 생각이 많아지고 밤에는 자주 악몽을 꾸게 되었다.

부모의 모든 신경은 아이에게 쏠려 있었고 그럴수록 반드시 전교 1등을 유지해서 일류대학에 가야 한다는 강박증은 아이를 점점 더 스트레스로 몰아넣었다.

그러다가 어느 날부터 시험만 다가오면 머리가 아프고 위장 장애가 심해져서 음식을 거의 먹지 못하는 지경에 이르게 되었다. 어느 날은 시험을 보고 있는데 누군가가 뒤에서 자기를 감시하는 것 같은 기분도 들었다. 자꾸 뒤를 돌아보다가 선생님에게 커닝하지 말라는 지적까지 받았다. 그 후 아이는 친구들이 자기 얘기를 하며 자꾸 비웃는 것 같아 학교에 가는 것 자체가 두려워졌다. 부모가 강력하게 항의를 해서 결국 선생님께서 정식으로 사과까지 했지만 그럴수록 점점 더 학교에 가는 게 싫어졌다. 길을 걸을 때도 사람들이 자기만 쳐다보며 비웃는 것 같았고 집에 있으면 선생님들이 집에 도청 장치를 해서 자기를 감시하는 것 같은 기분에 시달렸다. 결국, 피해 망상이 심해진 아이는 병원에 입원하게 되었다. 부모는 믿었던 아들이 이렇게까지 되고 만 현실을 받아들이지 못하고 커닝한다고 아이를 몰아세웠던 선생님을 원망했다. 하지만, 상담이 진행되면서 결국 아들이 부모의 기대치에 부응하기 위해 강박관념에 시달려왔다는 사실을 인정하게 되었다.

입시병의 유형

입시병이란 진로 선택의 갈등이나 시험 불안, 입시 실패에 대한 예기 불안 등이 복합적으로 작용해 생겨나는 일종의 불안 장애를 말한다. 입시 자체가 정신 장애를 일으키기보다는 입시라는 정신적 스트레스 때문에 내재해 있던 문제들이 표면화되고 악화하는 것이다.

가장 흔한 증상으로는 두통, 피로, 현기증, 식욕부진, 시력 장애, 기억력 장애, 불면증 등이 있고 우울, 절망감 등의 정서 장애를 수반한다. 심하면 잠재되어 있던 정신병리가 활성화되어 정신병을 유발할 수도 있다. 그밖에 학업 포기, 등교 거부, 가출, 약물 남용, 자살, 비행 등의 청소년 문제를 일으킬 수도 있다. 입시병의 유형 구분이 명확한 것은 아니지만 그 유형을 나누어 보면 대개 다음과 같다.

불안 초조형

자신이 시험에서 탈락할지도 모른다는 예기 불안으로 말미암아 두렵고 초조한 증상을 나타내며 다양한 신체적 증상을 호소한다. 수험생 본인이 일류대학에 집착하는 경우나 가족의 기대치가 너무 높은 경우, 사전 준비 없이 고3이 된 경우, 입시에 실패한 경험이 있는 재수생, 성격이 내향적이며 소심한 경우에 많이 나타난다.

이럴 때 우선 부모는 자녀가 보이는 증상에 대해 비난하거나 경멸하는 태도를 보이지 말아야 한다. 자녀가 신경질을 부릴 때 같이 화를 내지 말고 유머러스하게 받아 주도록 노력해야 한다. 불안 초조 증상이 심해져서 공부가 잘 안될 때는 억지로 책상 앞에 앉아 있는 것보다 목욕하거나 잠을 자는 등 긴장을 푸는 방법을 모색하게 하는 것이 좋다.

공허형

시험 준비 외에는 친구나 취미 활동 등 모든 것을 포기해야 하는 대상 상실로 말미암아 허탈감에 빠지는 유형이다. 흔히 주체성 혼돈, 약물 남용, 등교 거부, 가출 등의 청소년 비행 형태로 발전하는 수가 있다. 이럴 땐 자녀가 삶의 의욕을 높이고 현실 감각을 되찾을 수 있도록 항상 대화를 나누며 본인의 능력에 맞는 구체적인 진로와 진학 목표를 재설정하도록 도와주어야 한다. 성적이 좋아지면 선물과 같은 형태로 보상을 해 주겠다고 약속하는 것도 좋은 방법이다.

탈진형

무리하게 몰아치기 식으로 공부하다 극도로 탈진한 상태에서 무기력증과 불면증 등을 호소하며 각성제를 남용하는 경우가 탈진형에 속한다. 이럴 때에는 안정을 취하면서 충분한 영양을 섭취하도록 도와야 한다. 그리고 커피나 각성제의 남용을 금지하고 수면 리듬을 되찾을 수 있는 방법을 강구해야 한다. 또 너무 무리한 계획을 세우지 말고 자신이 감당할 수 있는 만큼만 계획을 세워서 공부하도록 자녀들에게 조언해 줄 필요가 있다.

엄마에게

절망형

계속되는 성적 부진으로 열등감에 사로잡혀 결국 자포자기 상태에 빠지는 유형으로 이런 유형의 학생들은 자살을 시도할 가능성이 크다. 부모는 자녀의 장점을 찾아내서 칭찬해 주면서 용기를 북돋아 주어야 한다. 이럴 때 자녀를 비난하는 것은 절대 금물이다. 집안 분위기를 명랑하게 만들 방법을 찾아보고 자녀에게도 명랑소설이나 만화 등 가벼운 책을 읽고 기분 전환을 할 수 있도록 조언해주어야 한다. 공부할 때도 자녀가 자신감을 찾을 수 있도록 아주 쉬운 과제부터 해결하도록 이끌어주는 게 좋다. 그래도 역시 비슷한 증상이 반복되거나 악화하면 항우울제를 복용하는 것이 빠른 회복의 지름길이다.

권태형

수험생에게서 가장 흔히 볼 수 있는 유형이다. 단조로운 생활의 반복으로 말미암아 자신도 모르게 멍청하고 무기력해지는 일종의 슬럼프 상태이다. 대개 일시적으로 나타나는 현상이다. 그럴 땐 주말에 가족끼리 외출을 하는 등 생활에 신선한 자극을 주는 게 좋다.

2. 수험생과 사춘기

사춘기 아이들은 미쳤다고 생각하면 돼

수험생을 둔 부모들에게는 또 다른 고민이 하나 있다. 이때가 아이의 성장 과정에서 사춘기에 해당한다는 점이다. 사춘기 자녀의 변화무쌍한 감정과 행동은 대부분의 부모를 당황하게 한다. 그리고 많은 부모가 그런 아이들에게 어떻게 대처해야 할지 갈피를 잡지 못한다.

언젠가 모임에서 한 어머니가 "사춘기 아이들은 그냥 미쳤다고 생각하면 돼"라고 말하는 걸 들은 적이 있다. 사춘기 아이의 부모 노릇이 얼마나 힘든지를 단적으로 나타내 주는 표현이었다. 에릭슨이라는 정신의학자는 '이 미친 것 같은' 사춘기의 특징을 '혼란'이라고 정의했다. 그것이 다시 주체성 확산(사회적인 자기 주체성을 확립시키지 못하는 상태)으로 이어진다는 것이다. 그처럼 힘겨운 사춘기를 겪어가는 아이들은 그 과정에 따라 다음의 세 그룹으로 나뉜다.

첫째는 큰 어려움 없이 성장을 지속해 나가는 그룹이다. 이들의 부모는 비교적 아이의 정신적 독립을 격려해 주며 아이도 원만하고 친밀한 인간관계를 이루어 가려고 애쓴다.

두 번째는 '파도처럼 일렁이는 그룹'이라고 할 수 있다. 첫 번째 그룹보다 성취욕이 덜하고 우울과 불안을 자주 경험한다. 부모와의 갈등도 많은 편이다.

세 번째는 '폭풍 같은 그룹'이라고 할 수 있다. 가족들과 마찰도 많고 성장 과정에서 부모의 이혼이나 별거, 질환 등 어려운 경험을 겪은 경우가 많다. 대부분 자기 자신에 대한 불만과 의심이 가득 차 있다. 이런 그룹의 아이들은 후에 예술이나 인문학을 선택하는 일이 많다는 보고도 있다.

사춘기 아이들이 추구하고 원하는 것들

아이들이 여러 가지 사춘기적 특징을 보이는 데에는 이유가 있다. 가장 큰 이유는 이 시기가 성장하는 과정에서 다음과 같은 것들을 획득해야 하는 힘든 시기이기 때문이다.

첫째는 정신적 독립이다. 아이들은 사춘기가 되면 부모로부터 정신적으로 독립해서 자기 자신이라는 한 개인을 확립하고 싶어 한다. 이 과정에서 부모와 갈등하는 이유는 부모에 대한 의존 욕구는 그대로인데 반해 어떤 간섭이나 통제도 거부하려는 이중심리가 작용해서다.

두 번째로 아이들은 가족과의 관계에서 벗어나 같은 성별, 같은 나이의 그룹에 속한 친구들과 어울려 자기들만의 소속감을 가지려고 애쓴다. 함께 어울려 다니는 친구들이 똑같은 옷차림이나 머리 모양을 하고 다니는 것도 그런 이유 때문이다.

세 번째로 자기들만의 은밀한 세계를 만들려고 시도한다. 청소년들은 자기들만의 은어를 사용함으로써 기성세대와 단절을 꾀하며 나아가 자기들만의 프라이버시를 지키려고 한다. 언제나 자기 방문을 잠그고 음악도 혼자만 즐기며 비밀 일기 등을 쓰는 것도 그런 이유에서다.

네 번째는 생리적으로 성적 충동과 공상이 많아지므로 그러한 본능을 억제하는 것도 또 하나의 과제가 된다. 이것이 제대로 안될 때 약물 등에 빠질 수 있다.

다섯 번째는 자신의 성격, 주체성, 역할 등을 확립하는 시기이다. 이게 잘 이루어지지 않으면 자신의 정체성에 혼란을 느끼고 열등감에 빠질 수 있다.

마지막으로 이 시기 아이들은 남성 혹은 여성으로서 자신의 성적 주체성을 확립하게 된다. 이성에 대한 가치관도 이때쯤 대부분 절반 정도가 형성된다.

사춘기에는 특히 남학생의 경우 자신의 성적 충동과 싸워나가는 걸 무척 힘들어한다. 남학생들 자신도 자신에게 그런 성적 충동이 있단 사실에 놀라움과 두려움을 느낀다. 따라서 청소년의 성 문제는 부모와 학교가 반드시 도와주지 않으면 안 된다. 현실적인 성교육을 통해 그들에게 건강한 성욕의 의미와 그 해결 방법에 대해 조언해주고 함께 진지하게 토론해주어야 한다.

언젠가 한 산부인과 의사에게 들은 이야기가 있다. 하루는 만삭이 된 고등학생 딸을 데리고 어머니가 병원을 찾아왔다고 한다. 그러면서 하는 말이 딸아이의 배가 점점 불러오기에 이상하게 여겼지만 그게 임신일 줄은 꿈에도 몰랐더라는 것이다. 그저 시험공부 때문에 아이가 스트레스를 받아서 퉁퉁해지는 줄 알았다고 한다. 아무리 사람이 무지해도 어떻게 그럴 수가 있느냐며 그 산부인과 의사는 한숨을 내쉬었다.

중학생만 되도 거리낌 없이 미팅하고 이성 교제를 하는 요즘 같은 세상에 부모라고 아이들의 일거수일투족을 다 감시할 수는 없다. 하지만, 최소한 아이가 지금 어떤 상황에 놓여 있고 무슨 생각을 하고 있는지는 알아야 할 필요가 있지 않을까.

아이를 위한다는 생각에서 대학 들어갈 때까지 이성 교제는 절대 안 된다고 단호하게 못을 박는 부모도 있는데 그것도 바람직한 교육방식은 아니다. 자칫하면 아이들이 부모 몰래 더 위험한 행동을 하는 계기를 만들어주는 게 될 수도 있기 때문이다. 그보다 부모는 아이에게 자신의 행동과 몸가짐에 대해, 나아가서는 살면서 일어나는 모든 일에 대해 스스로 책임을 져야 한단 사실을 가르칠 필요가 있다.

나는 '바담풍' 자식은 '바람풍'

사춘기 자녀를 둔 부모의 고민 중 하나는 그들이 보이는 행동을 어디까지 정상으로 보고 허용하느냐 하는 것이다. 내 아이만은 언제나 모범생이기를 바라는 게 부모 마음이다. 따라서 아이가 정도에 어긋나는 행동을 할 때 그걸 현실로 받아들이는 건 물론 쉬운 일이 아니다.

나는 '바담 풍' 해도 너는 '바람 풍' 하기를 바라는 것 역시 모든 부모의 마음이다. 그래서 아이의 행동을 객관적으로 판단하는 것 역시 어려울 수밖에 없다.

청소년 문제로 고민하는 부모들을 상담하면서 흔히 듣는 얘기가 "내 아이는 착한데 나쁜 친구를 사귀어서 그만⋯." 이라는 말이다. 열 명 부모 중 여덟 명은 아이가 잘못된 걸 친구나 선생님 탓으로 돌리고 싶어 한다. 그들의 마음속에는 아이가 잘못된 것이 사실은 부모 탓이라는 무의식적인 죄책감이 깔렸다. 다만, 그걸 인정하기가 너무나 괴로워서 다른 사람을 원망하게 되는 것이다. 하지만 부모의 그런 태도는 치료를 더욱 어렵게 만들 뿐이다. 그들의 무의식적인 죄책감이 아이들의 문제를 문제로서 인정하려고 들지 않기 때문이다.

사춘기 아이들의 행동을 어디까지 정상으로 보느냐 하는 것은 참 미묘한 문제다. 한 가지 확실한 건 우울증이 오래 지속되면 일단 주의해야 한단 사실이다.

청소년기의 아이들은 주변 환경에 따라 쉽게 우울해지고 금세 명랑해지기도 한다. 호르몬과 신체적 변화로 인해 일시적으로 감상적이 되는 일도 많으나 늘 우울해 있거나 늘 슬퍼하고 있지는 않은 것이 이 시기의 특징이다. 그러므로 우울증이 계속되면 일단 주의해서 지켜볼 필요가 있다.

그밖에 성적이 갑자기 떨어지거나 가족을 피해서 자기 방에만 틀어박혀 있거나 충동을 조절하지 못하고 난폭한 행동을 보인다든지 혹은 가출이나 자살소동을 벌이거나 하면 일단 정신적 문제를 생각해 봐야 한다.

가출과 자살 충동

가출의 원인과 사례

요즘 같은 핵가족 구조에서는 예전보다 자녀 한 명이 받는 정신적 부담감도 그만큼 클 수밖에 없다. 청소년들이 가출하는 이유 중 하나도 자신에게 쏠리는 부담감을 감당하지 못해서라고 한다. 그 안에서 자신은 무력한 존재라는 생각 때문에 그것을 극복하려는 수단으로 가출을 감행한다는 것이다. 부모가 지나치게 과잉보호를 해서 마치 질식할 것 같은 기분을 느낄 때도 아이들은 가출을 꿈꾼다. 여자아이들의 경우 단지 여자라는 이유만으로 집안에서 차별을 받거나 행동 하나하나까지 감시당하고 제한을 받을 때 가출하고 싶어진다고 한다. 드물게는 부모의 신체적, 성적 학대도 중요한 이유가 된다.

아무도 날 이해해 주지 않아

중학교 3학년인 여학생이 가출해서 남학생들과 혼숙을 하며 방탕한 생활을 하다가 결국 가족들에 의해 병원에 입원한 일이 있다. 집안은 아버지가 바람을 피워서 이혼하고 부모가 각각 다른 사람과 재혼을 한 상태였다. 새엄마는 아이를 위해 최선을 다했고 아이도 그 부분은 인정했다. 하지만, 동생이 태어나면서부터 여학생은 자신을 스스로 가족으로부터 소외시켜가기 시작했다.

아버지는 어쩌다 얼굴을 마주쳐도 "공부는 잘되니?" 하고 한마디 던지는 게 고작이었다. 아이는 점점 더 마음 붙일 곳을 찾지 못했다. 새엄마는 아버지 성격이 원래 그러니 이해하라고 했지만, 집안에서 자기만 외톨이인 것 같아서 친어머니를 찾아가겠다며 새엄마를 괴롭혔다. 마음속으로 자기를 버린 친엄마보다 다정한 새엄마가 더 좋았지만, 새엄마도 사실은 자기보다 동생을 더 사랑할 거란 질투심 때문에 그런 행동을 한 것이다.

결국, 여학생은 친엄마와 함께 살게 되었고 친엄마도 처음에는 딸을 몹시 반겼다. 하지만, 재혼한 남편과 사이가 나빠지면서 괜히 딸에게 신경질을 부리는 날이 많아졌다. 여학생은 친아버지의 집으로 다시 돌아가고 싶었지만 자기를 보내고 난 뒤 전화 한 통 없는 새엄마가 미워서 그럴 수도 없었다. 속으로는 전화를 하지 못하는 새엄마의 심정을 이해하면서도 아무도 자기에게 관심을 갖지 않는 것 같은 현실 때문에 우울하기만 했다. 그러던 중 여학생은 우연히 만난 같은 또래 남학생들과 어울리게 되었다. 자기 말을 잘 들어주는 그 남학생들과 늦게까지 어울려 다니다가 친엄마에게 여러 번 혼이 나기도 했다. 어느 날인가는 친엄마가 아버지에게 전화해서 "애를 어떻게 이 모양으로 키웠느냐?"고 악을 쓰는 것도 엿들었다. 그 후로는 아버지에게 혼날 것이 두려워서 아예 친엄마의 집을 나와 남학생들과 혼숙을 하기에 이르렀다. 사방으로 찾아다니던 아버지에 의해 발각되어 결국 집으로 돌아왔지만 아이는 등교도 거부하고 내 인생 내 마음대로 살겠다며 고집 피우다가 결국 입원까지 하게 된 것이다.

이 여학생은 입원하고 난 이후에도 "이제까지 나를 이해해 준 사람은 그 남자 친구들밖에 없었다."며 부모를 만나는 것도 한동안 거부했다.

엄마에게

이 여학생처럼 가출하는 아이들은 자기 자신에 대해 나쁜 이미지를 가지고 있는 경우가 대부분이다. 그들은 자신이 남들보다 못하며 사랑받을 가치도 없다고 생각하는 것이다.

임상치료를 하다 보면 가출 청소년들의 대부분은 학교 성적도 좋지 않고 결석률도 높으며 학업 동기도 매우 낮다. 그들은 선생님께서 자신을 어떻게 평가하는지에 무척 예민하고 아무도 자신을 인정하지 않고 문제아로 보고 있다고 스스로 규정하고 있는 경우가 많다. 그 시기에 지니고 있어야 할 미래에 대한 꿈이나 희망도 없는 경우가 대부분이다. 반 이상이 가정적으로 문제가 있었으며 부모가 자신을 거부한다고 느끼는 경우가 대부분이었다. 실제로 가출 청소년들의 가정에서는 가정의 화목이나 부모와 자녀 사이의 대화, 부모가 자녀를 존중하는 태도 등이 부족한 경우가 대부분이다.

자살 위협은 단순한 위협이 아니다

시험성적 때문에 비관자살을 하는 아이들의 소식을 접해야 할 때가 있다. 그럴 때마다 수험생 자녀를 둔 세상의 모든 부모가 함께 아파하면서 참담한 심경에 빠진다. 보통 이런 아이들은 세상이 자기편이 아니라고 생각한다. 인생이란 좋을 때도 있고 힘들고 나쁜 시기도 있단 사실을 받아들이지도 못한다. 그러다 보니 우울해지거나 절망적인 상태에 빠지면 쉽게 자살 충동을 느끼는 것이다.

청소년기의 불안과 자살 심리의 기저에는 부모를 비롯한 권위적 존재에 대한 적개심과 분노의 감정, 그리고 그와는 상반되는 죄책감이 뿌리 깊게 자리하고 있다. 이러한 공격성과 죄책감이 자신에게 되돌아올 때 자살을 감행하는 것이다.

이때 아이들은 자신을 죽임으로써 모든 것을 다 함께 죽인다고 생각한다. 이 모든 것에는 자기가 미워하는 사람과 세상이 다 포함된다. 여기에 충동을 조절하기 어려운 청소년기의 특성까지 합쳐지는 것이다. 자기들이 보기에는 모순으로 가득 찬 것으로 보이는 이 세상에서 아이들은 스스로 살아갈 힘이 없다고 생각하며 자살을 기도하기도 한다. 자신이 희생함으로써 사회가 반성하고 대책을 마련하기를 바라는 마음에서 자살하는 아이들도 있다. 그 동기야 어쨌건 미래에 대한 희망으로 한창 가슴이 부풀어 올라야 할 시기의 청소년들이 삶을 두려워하고 자살을 하는 것은 분명히 어른들의 책임이다.

랭이라는 정신의학자는 "이 세상에 정신질환자는 없으며 단지 잘못된 사회만이 있을 뿐"이라며 '반정신의학론'을 주장했다. 시험 불안을 견디지 못하고 자살하는 청소년들을 볼 때마다 그의 이론도 일리가 있단 생각을 하게 된다.

자살하는 청소년들과 관련해서 어른들이 저지르는 또 하나의 실수가 있다. 그것은 아이들이 자살하겠단 말을 공공연하게 할 때 그 말을 단순한 위협으로 받아들인다는 점이다. 정말로 자살할 사람은 남에게 전혀 내색하지 않는다는 말도 있지만 그건 어디까지나 일반적 고정관념일 뿐이다. 이런 고정관념은 수정되어야 한다. 자살하는 사람들 가운데

약 60퍼센트가 자살하기 전에 직접적이든 간접적이든 미리 자신이 어떤 행동을 할 건지에 대해 경고를 하고 있기 때문이다. 특히 청소년들의 자살 위협은 그냥 위협으로 끝나지 않는 경우가 많다. 그 아이들은 자살을 기도하기 전에 나름대로 온갖 방법을 다 찾아보다가 마지막 결단으로 자살을 택하기 때문이다.

그리고 자살하는 사람들 가운데 대부분은 정작 행동으로 옮기기 전에 어떤 식으로든 구조 요청 신호를 보낸다. 주변 사람들이 자신의 절박한 심정을 알아주고 도와주기를 기대하는 것이다. 그런데 설마 하는 생각에 그 신호를 간과하거나 심지어 비웃고 경멸하면 정말로 자살을 감행해 버린다. 사춘기 자녀를 둔 부모들일수록 인간에게는 자기 보호 본능과 동시에 자기 파괴 본능도 있다는 사실을 간과해서는 안 된다. 특히 청소년들은 같은 또래 친구들과의 매우 강한 공존의식을 지니고 있다. 그래서 자녀의 친구들이나 혹은 같은 반 아이가 자살했을 경우는 특히 자녀들에게 관심을 가져야 한다. 죽음과 자살에 대해 자녀와 진지하고 솔직한 대화를 나누는 것도 좋은 방법이다.

제 2 장

'너 잘 되라' 라는
말의 실체

딱 1년만,
죽은 듯이 참고
삽시다

'고3 어머니병' 이라는 말은 가혹한 우리의 교육 환경이 만들어 낸 신조어이다. 그런데 우리는 언제부터인가 그 말을 마치 원래부터 그렇게 쓰고 있었던 말처럼 일상에서 당연하게 사용해 왔다.

건설회사에 다니는 P씨의 하소연을 들어보자.

"고3 어머니 병이요? 그거 정말 병이더라고요. 아들 녀석이 고3이 되자마자 다른 사람도 아닌 내 아내가 그 병에 걸렸거든요."

P씨는 직업적인 특성상 지방 근무가 많아서 한 달에 한 번 정도밖에 집에 올 수가 없었다. 그런데 어느 날 집에 와보니 부부가 쓰던 안방을 아들 녀석의 책상이 떡 차지하고 있더라는 것이다. 그러면서 아내가 하는 말이 이랬다.

"여보, 우리 딱 1년만 죽은 듯이 참고 삽시다, 응? 우리 침대는 아이 방으로 옮겨 놓았어요. 아무래도 아이가 넓은 공간에서 여유 있게 공부하는 게 좋을 것 같아서."

"이봐! 당신 도대체 이따위로 자식을 키워서 뭣에다 쓸 거야?"

남자는 아내에게 마구 화를 냈다. 그러다가 문득 만에 하나 이렇게 내 고집만 부리다 아이가 대학입시에 실패하기라도 하면 꼼짝없이 그 책임을 다 뒤집어쓸 거란 생각이 들었다. 결국, P씨는 슬그머니 아내의 의견에 따를 수밖에 없었지만 그러면서도 한편으론 대학입시 때문에 안방까지 내줘야 하는 이 상황에 대해 여전히 화가 났다. 그래서 대체 이건 누구의 아이디어냐고 물었더니 아내 입에서는 더 기막힌 대답이 튀어나왔다.

"그렇게 화낼 거 없어요. 아래층 703호는 아버지가 먼저 넓은 방 내줄 테니 공부나 열심히 하라고 했대요. 그 집 아들이 항상 전교 1등 하는 건 당신도 알잖아요. 다 그런 아버지가 있으니까 애가 공부를 잘하는 거예요."

그 말에 P씨는 기가 질려서 논쟁을 그만두었다고 했다. 아내의 말에 따르면 문제의 703호에서 아이에게 안방을 내줬다는 소문이 돌자 아파트 단지 안에서 고3 자녀를 둔 거의 모든 집에서 아이에게 안방을 내주었다는 것이다. 그러면서 그는 고3 어머니 병이라는 말을 자기처럼 실감하며 사는 사람도 없을 거라고 투덜거렸다.

P씨의 경우를 보면서 우리 집 얘기와 너무 비슷하다고 느끼지 않을 고3 학부형이 과연 몇 명이나 될까? 그 정도는 별것도 아니라고 생각하는 학부모들도 꽤 많을 것이다. P씨는 자기 아내가 고3 어머니 병에 걸렸다고 주장하지만, 그 정도는 수험생 자녀를 둔 어머니라면 누구나 겪는 하나의 의식이자 지극한 모성의 일부에 지나지 않는 게 우리의 현실이기 때문이다.

물론 우리나라에서만 이런 일이 일어나는 건 아니다. 일본이나 싱가포르처럼 입시 지옥을 겪고 있는 나라에서도 부모들의 사정은 비슷하다.

다만, 우리나라의 경우에는 이상하게 그 모든 책임을 전적으로 어머니들이 떠맡아서 아버지 몫까지 마음고생을 하는 것뿐이다. 그리고 그런 마음고생이 깊어져서 치료가 필요할 정도로 불안 초조하고 우울하면서 살맛이 안 나게 되면 마침내 병으로 진단할 수밖에 없다.

우리 사회에서 입시가 차지하는 비중은 막강하다. 그만큼 정신적 스트레스가 큰 것도 당연하다. 그러므로 학생이든 학부모든 어느 정도의 불안, 우울 증상을 경험하는 것은 하나의 현실 적응 과정이라고 할 수 있다. 다만 그 정도가 지나쳐 일상생활을 해 나가기가 어렵고 자신이나 주변 사람에게 피해를 입히면 그때는 병이 되는 것이다.

사실 '고3 어머니병'이라고 해서 고3 자녀를 둔 어머니만 걸리는 병은 아니다. 자녀를 키우는 부모라면 자녀의 성적, 진로를 두고 누구라도 비슷한 상황에 놓일 수 있다. 단지 고3 자녀를 둔 부모의 경우 그 정신적 스트레스가 심각한 경우가 많아 편의상 그렇게 부르는 것뿐이다.

임상에서 나타난 증상과 사례, 사회적 심리적 원인, 실패하는 수험생 부모의 유형 등을 통해 고3 어머니 병, 나아가 고3 학부모 병의 실체에 접근해 보기로 하자.

1. 임상을 통해 본 고3 어머니 병

가장 흔히 볼 수 있는 불안장애

불안장애는 고3 수험생과 어머니에게 가장 많이 나타나는 전형적인 증상이다. 막연한 불안감과 긴장감이 계속되고 항상 뭔가에 쫓기는 것처럼 초조한 기분을 떨쳐 버리기 어려운 상태를 말한다. 아마도 수험생을 둔 학부모라면 경미하나마 누구나 이런 증상을 겪고 있다고 봐도 무방하다.

이런 어머니들이 병원에 찾아와 하소연하는 이야기는 거의 한결같다.

"아이가 책상 앞에 앉아 있는 동안은 그나마 마음이 편해요. 그런데 조금이라도 아이가 딴짓을 하면 그때부터 나까지 초조하고 불안해지면서 어쩔 줄 모르겠는 거예요."

학원에 보내 놓고 나면 아이가 과연 학원에서 제대로 공부를 하는지 아니면 괜히 시간 낭비만하는 건 아닌지 불안하다는 어머니들도 많다. 물론 자기가 쫓아가서 대신 공부해 줄 수 없다는 것쯤은 잘 안다. 그러면서도 불안 초조한 상태를 극복하기 어렵다는 것이다.

아이가 책이나 참고서 외에 다른 책만 보고 있어도 화가 난다는 어머니들도 있다. 텔레비전은 더더욱 안 되고 친구와 전화하는 것도 시간 낭비 같아 초조하다고 한다. 심지어는 책상에 엎드려 있는 것만 봐도 가슴이 떨린다고 호소한다.

아이의 시험 성적에 촉각을 곤두세우고 아이에게는 하루에도 몇 번씩 "그렇게 빈둥거리다 대학에 떨어지면 어떡하느냐"고 간섭하는 어머니도 있다. 아이가 화를 내는 것쯤은 아랑곳하지 않는다. 이런 어머니는 외출도 마음대로 못한다. 아이 옆에 있지 않으면 불안하기 때문에 친구를 만나거나 다른 볼 일이 있을 때도 가능한 한 서둘러서 끝내고 집에 돌아와 아이가 학교에서 돌아오기만을 기다린다. 아무것도 아닌 일에도 잘 놀라고 입술은 늘 바싹 말라 있고 얼굴이 화끈거리고 가슴이 뛰는가 하면 소변도 자주 마렵다. 방금 화장실에 다녀왔는데 또 가고 싶고 소화도 잘 안 돼서 언제나 위가 디부룩한 느낌이다.

어떨 땐 숨쉬기조차 힘들다고 호소하는 때도 많다. 특히 자녀가 대학입시에 한 번이라도 실패 한 경험이 있는 경우라면 증상은 더욱 심각하다. 시험 얘기만 들어도 가슴이 울렁거리고 또 실패하면 어쩌나 하는 생각 때문에 숨이 막혀서 금방이라도 쓰러질 것만 같다.

어머니가 이렇게 불안 초조한 상태에 있으면 아이들은 그만큼 더 민감해진다. 아이들까지 전염되어서 자신감을 잃게 된다. 자신의 능력을 의심하고 불안해하는가 하면 어머니가 다른 집안의 아이들과 자신을 비교할 때마다 자책감에 빠지게 된다. 겉으로는 "엄마, 제발 좀 그만해!" 하고 화를 내지만 속으로는 엄마보다 더 초조해지는 것이다. 그러다 보니 시험 때만 되면 아는 것도 실수하게 되고 결국 악순환의 고리가 계속 이어지는 것이다.

딸이 대학 입시에서 낙방하는 꿈만 꾸는 어머니

외동딸을 둔 50대 주부 A씨에게 딸아이는 보석 같은 존재였다. 일찍 결혼했는데도 한동안 아이가 없다가 온갖 정성을 다 들여서 뒤늦게 본 아이였기 때문에 그만큼 더 소중했다. 아기 때부터 마치 인형 다루듯 온갖 치장을 다해서 키웠다. 주변에서 "어쩌면 이렇게 예쁜 딸을 두셨어요." 하고 칭찬이라도 듣는 날에는 세상에서 자기 혼자만 딸을 키우는 기분이었다. A씨는 아이가 고등학교에 입학하기도 전에 이미 어느 대학에 보내야 할지도 미리 정해놓았다. 좋은 집안에 시집을 보내려면 가정학과, 그것도 특정 여자대학이어야 한다는 식으로 이미 아이의 미래까지 계획해놓은 것이다. 아이도 고등학교 1학년까지는 그런대로 엄마의 말에 복종했고 성적도 상위권을 유지했다. 그러던 딸아이의 성적이 2학년이 되면서부터 조금씩 떨어지기 시작하더니 어느새 목표하고 있는 대학에 들어가기에는 어림도 없는 수준까지 떨어지고 말았다.

A씨에게 불안장애의 징후가 나타나기 시작한 건 그 무렵부터였다. 제일 먼저 찾아온 건 불면증이었다. 자려고 침대에 눕기만 하면 '만약에 딸아이가 대학입시에 실패하면 재수를 시킬 수도 없고, 어떡하지.' 하는 생각이 들어서 도무지 잠을 잘 수가 없었다. 남편은 '꼭 그 대학에 가란 법이 어디 있느냐, 조금만 목표를 낮추면 합격할 수도 있다.' 라는 담임선생의 충고대로 아내를 위로했다. 하지만 '내가 어떻게 키운 딸인데. 난 우리 애가 시시한 대학에 다니는 꼴은 죽어도 못 봐' 하는 생각만 커졌다.

그러던 어느 날부터 A씨는 딸이 대학입학시험에서 떨어지는 꿈을 날마다 반복해서 꾸기 시작했다. 꿈은 현실과 정반대라고 생각하며 스스로 위안을 삼아보려고도 했지만 소용없었다. '만일 꿈에서처럼 정말 아이가 시험에 떨어진다면….'

엄마에게

하는 생각만 해도 가슴이 콱 막혀서 숨을 쉴 수가 없었다. 친구들을 만나도 자기 자식 공부 잘한다는 친구들의 자랑은 죽어도 들어줄 수 없었고 그러다 보니 점점 더 집안에만 틀어박혀서 지내게 되었다. 그러다가노 어느 과외 선생이 유명하단 얘기만 들으면 아이의 의견은 들어 보지도 않고 우선 그 과외 선생부터 모셔왔다. 하지만, 아이의 성적은 전혀 오를 기미를 보이지 않았다. 어느 날인가는 특히 대학입시에 용하다는 점쟁이까지 찾아갔다. 그런데 그 점쟁이 말이 "댁의 딸은 학교 운이 없으니 일찌감치 시집이나 보내라."라는 것이었다. 그 이야기를 듣고 난 후 그녀는 더욱 가슴이 뛰고 정신을 집중시킬 수 없었다. 가스레인지를 켜놓고 깜박 잊는 바람에 집에 불이 날 뻔한 적도 있었다. 어느 날은 꼭 죽을 것처럼 가슴이 뛰어서 병원을 찾아갔지만, 병원에서는 아무 이상도 없다고 했다. 결국 보다 못한 남편의 손에 이끌려 A씨는 정신과를 찾아왔고 입원을 하게 되었다. 입원한 뒤에도 환자는 계속해서 "내가 없으면 딸애가 불안해서 어떻게 공부를 하겠느냐. 당장 퇴원하겠다."라며 고집을 부렸다. "지금이 총정리 기간이기 때문에 총정리에 강한 과외 선생을 찾아야 한다."라고 조르기도 했다. 하지만, 환자의 이런 생각과는 달리 A씨의 딸은 매일 옆에서 닦달하고 늘 불안해하던 엄마가 없으니까 오히려 마음 편하게 공부를 할 수 있다고 솔직하게 털어놓았다.

극단적 불안상태가 반복되는 공황장애

공황장애는 불안 상태가 느닷없이 급격하게 나타나 수 분 혹은 수 시간 동안 지속되거나 반복되는 경우를 말한다. 아무 이유 없이 극도의 공포심에 사로잡혀서 숨이 막혀 죽을 것 같거나 심장이 터져 버릴 것 같은 증상을 호소하는 경우가 많다. 가장 흔하게 나타나는 증상으로는 호흡곤란, 심계항진, 가슴의 통증, 불쾌감, 현기증, 손발이 저린 이상 감각, 몸의 떨림, 온몸이 뜨겁거나 반대로 차가워지는 느낌, 이러다가 죽거나 미치거나 어떤 사고를 저지를 것 같은 공포 등이 있다. 이런 증상을 한번 겪고 나면 또다시 경험하면 어쩌나 하는 예기 불안이나 건강 염려증이 나타나게 되고 그런 증상이 일어났던 장소에는 다시 가지 않으려는 행동장애도 뒤따르게 된다.

터널에서 죽음의 공포를 경험한 주부

아들 형제를 두고 있는 40대 주부 C씨는 장남이 대학 입시에 실패한 이후로 매사에 걱정이 많았다. 재수를 하는 아들은 공부보다 여자 친구와 어울려 다니는 시간이 더 많은 것 같았다. 뭐라고 야단을 치려해도 아들은 '내 인생 내가 알아서 한다.'라는 반응을 보이는 게 고작이었다. 장남이 잘해야 동생도 공부를 잘할 텐데 첫 아이부터 그 모양이니 속이 이만저만 상하는 게 아니었다. 게다가 남편까지 무사태평이다. 공부 못하면 전문대 보내서 기술자 만들면 되지 뭐가 걱정이냐, 요즘은 기술자가 더 대우받는 세상이라며 한술 더 뜨는 것이었다.

하지만, 어머니로서는 욕심이 없을 수 없고 공부 잘하는 아이를 둔 친구 앞에서는 기가 죽곤 했다. 누구는 아들이 대학에서 장학금을 받고 누구는 방학 동안에 아이 어학연수를 어디로 보낸다는 둥, 동창 모임에 나가면 자기만 빼고 모두가 자식 교육에 성공한 이야기뿐이었다. 그녀는 행여나 친구들이 아들 소식을 물을까봐 가슴이 조여 조용히 앉아 있을 수밖에 없었다.

엄마에게

그러던 어느 날, 길이 막혀서 터널에 갇혀 있는데 갑자기 숨이 막히면서 어지럽고 토할 것 같은 증세가 나타났다. 당장 터널을 빠져 나가지 못하면 죽을 것만 같은데 차는 앞뒤가 꽉 막힌 채 꼼짝도 하지 않았다. 그래 봐야 터널 안에 있었던 시간은 5분 정도였지만 그녀에게는 마치 다섯 시간처럼 느껴졌다.

터널을 빠져나오자마자 그녀는 당장 차에서 내려 병원 응급실로 뛰어갔다. 본인은 죽을 것처럼 괴로웠지만, 진찰 결과는 '이상 없음'이었다. 그녀는 결과를 이해할 수도, 승복할 수도 없었다. 그 뒤부터는 터널을 지나가다 또 비슷한 증상이 나타날까 봐 아예 터널이 있는 길은 피해 다녔다. 사람이 많이 모이거나 공기가 나쁜 곳에만 가도 불안하고 가슴이 뛰었다. 결국, 병원을 찾아 온갖 검사를 반복했지만 결과는 전과 다름없이 아무 이상이 없다고 했다. 그녀는 마지막으로 정신과를 찾게 되었고 '공황장애'라는 진단을 받았다.

지금은 약물복용을 하며 증상을 치료 중이다. 하지만 아직도 외출하려면 꼭 약이 있어야만 하는 불안정한 심리 상태가 되고 말았다.

죄책감에서 비롯된 우울장애

이런 증상은 불안증과 같이 나타날 수도 있고 우울증만 두드러지게 나타날 수도 있다. 병인은 대개 죄책감에서 비롯된다. 아이가 공부를 못하면 그게 다 부모 역할을 제대로 못 한 자기 탓이라고 생각하기 때문에 나타나는 현상이다. 특히 경제적으로 여유가 없어서 남들 다 시킨다는 과외를 못 시키는 경우에는 자식에게 큰 죄라도 지은 기분으로 하루하루를 살아간다. '차라리 저 아이가 다른 부유한 집에 태어났더라면 저러지 않았을 텐데. 나처럼 못난 부모를 만나서 저러는 거구나.' 하는 자괴감에 빠질 때가 한두 번이 아니다. 다른 사람이 보기에는 부모 노릇을 못하는 것도 아니다. 그런데도 부모 스스로 자기 비하에 빠져 있는 경우가 더 많다. 당연히 하루하루 살아나가는 것이 힘겹고 아무런 낙을 느끼지 못한다.

차라리 그냥 죽어버리고 싶은 생각이 들다가도 아이가 시험을 볼 때까지는 버텨야지 하는 생각으로 오락가락한다. 하지만, 버텨 나가자니 그 과정이 너무도 힘겹기만 하다. 무슨 이야기를 들어도 기억하지 못하고 이야기를 나눌 때도 상대방이 무슨 말을 하는지조차 모를 때가 더 많다. 머릿속이 엉뚱한 생각으로 꽉 차 있기 때문이다. 자식은 공부하느라 저 고생인데 나만 편할 수 없다는 생각에 모든 즐거움은 아이가 합격한 뒤로 미뤄 두고 있다. 외출도 안 하고 혼자 생각에만 빠져 지내기 일쑤다. 그러다 보면 전에 아이에게 들었던 사소한 원망이나 갈등이 갑자기 커다란 실체로 클로즈업되어 오기도 한다. 남편도 시집 식구도 모두 보기 싫다. 그들에게 봉사한 시간과 돈을 아이에게 투자했다면 지금과 다른 결과가 주어졌을지도 모른단 생각이 들기 때문이다.

이런 후회의 감정이 참을 수 없는 수준으로 신경을 자극하게 되면 아무거나 다 부숴 버리고 싶은 충동마저 일어난다. 어떨 땐 공부 못하는 아이까지 미워져서 '내가 죽으면 저 녀석이 정신을 차릴까?' 하는 아슬아슬한 유혹도 받는다. 드물게는 이런 충동 탓인 괴로움을 이기지 못해 술을 마시는 때도 있다. 모두 자기를 손가락질 하는 것 같아서 집안의 대소사에도 발길을 끊고 작은 일에도 노여움을 느껴 쉽게 눈물을 흘리곤 한다. 이런 형편이니 아이에게도 칭찬이나 격려의 말을 해줄 수 없고 그런 자신에게 참을 수 없는 혐오감을 느끼는 악순환을 되풀이한다.

아이가 대학 떨어지면 함께 죽고 싶은 심정이라는 어머니

아들 형제를 둔 40대 주부로 깊은 우울증을 앓는 어머니가 있었다. 그녀는 잠을 자도 전혀 잔 것 같지 않고 온종일 누워만 있고 싶고 아무런 삶의 의욕을 찾을 수 없다며 병원에 찾아왔다.

"아침에 눈 뜨면 오늘 하루를 또 어떻게 살아내지 하는 생각부터 들고 밤에 자리에 누울 때는 그대로 죽어 버렸으면 좋겠다는 생각뿐이에요."

병원에 오기 전에는 나름대로 수면제도 복용해 보고 남편 몰래 술도 마셔봤지만 별로 도움이 되지 않았다고 했다. "입맛이 전혀 없고 속은 언제나 더부룩하고 변비에 시달리는 것도 이젠 지겨워요."라고 호소하기도 했다. 하지만, 그보다 더 심각하게 그녀를 괴롭히는 것은 지금까지 자신이 인생을 잘못 살아온 것 같다는 자괴감이었다. 남편이 원망스러운 건 말할 것도 없고 시집 식구들까지 미워서 어떤 때는 전부 다 죽여버리고 싶은 살인충동마저 느꼈다.

환자가 이렇게 된 데에는 물론 원인이 있었다. 큰아이가 삼수까지 했지만 결국 대학입시에 떨어져서 지금은 군 복무를 하고 있었는데, 그 아이가 공부할 때 남편 사업이 어려워져서 제대로 입시 뒷바라지를 못했던 것이 천추의 한이 된 것이다. 지금은 둘째가 고3인데 그녀는 적어도 둘째 아이는 어떻게든 잘해주고 싶어 빚을 내가며 과외를 시키고 있었다. 물론 남편에게는 비밀로 하고서 말이다.

"꼭 과외를 해야 대학에 가느냐? 일류대학에 합격한 아이들도 알고 보면 어려운 환경에서 저 혼자 공부한 애들이 더 많다. 도대체 당신은 정신이 제대로 박힌 거냐?" 등등, 그녀는 큰아들에게 과외를 시켜보잔 말을 꺼냈다가 남편에게 줄줄이 야단만 맞았던 기억이 있어서 이번엔 아예 말조차 꺼내지 않았다.

과외비를 혼자 해결하자니 그 부담도 컸다. 남편 몰래 생활비에서 계를 부어서 해결하고 있지만 언제나 목이 졸리는 기분이었다. 당연히 자기 자신에게는 단 한 푼의 돈도 쓸 여유가 없어서 파마도 직접 했고 옷은 친정 언니 옷을 얻어다 입었다. 그런데도 둘째 아들의 성적이 전혀 오르지 않는 현실이 그녀를 더욱 절망하게 만들었다.

"어미가 이 고생하는 게 보이지도 않니? 제발 이 엄마 생각을 해서라도 공부 좀 열심히 하렴."

어느 날 이런 말도 꺼내보았지만, 아들의 반응은 냉정했다.

"누가 엄마더러 그렇게 희생하래? 엄마 꼴이 어떤지나 좀 봐봐."

그 말을 듣는 순간 그녀는 아득한 나락으로 추락하는 느낌이었다.

"내가 아들을 잘못 키웠다는 걸 알았어요. 그걸 깨닫는 순간 나 자신이 세상에서 가장 바보 같은 여자라는 모멸감에 온 몸이 부들부들 떨렸어요.."

그녀는 도무지 다정함과는 거리가 먼 남편에게 뭔가를 바라느니 차라리 자식들을 위해 온 힘을 다하며 살자고 마음먹고 지금까지 버텨왔다. 그런데 그 결과가 이 모양이니 더 살고 싶은 생각이 완전히 사라져버린 것이다. 마지막으로 그녀가 이렇게 고백했다.

"만약에 둘째도 대학에 떨어지면 그냥 함께 죽어버리고 싶어요."

엄마에게

정신적 갈등이
몸에 나타나는
신체화장애

앞의 우울증과 달리 정신적 갈등이 신체 이상으로 나타나는 경우를 신체화장애라고 한다. 이 증상의 범위는 자율신경계에서 근육, 뼈, 내부 장기에 이르기까지 매우 다양하다. 두통, 변비, 설사, 어지러움, 구토, 생리불순을 비롯해 위장과 심장, 신경계와 폐에 이상이 생기며 여성 생식기의 기능장애 및 전신증상 등을 포함해 임상적으로 최소한 14가지 이상의 증상을 호소할 때 '신체화장애' 라는 진단명이 붙는다.

물론 검사를 해보면 신체적으로 아무 이상이 없다. 흔히 말하는 신경성 위장장애나 신경성 심장장애 등이 모두 이 범주에 속한다. 이때 환자는 검사에 아무 이상이 없고 신경성일 뿐이라는 의사의 말을 믿지 못해 이 병원 저 병원에 다니며 검사를 되풀이하는 경우가 매우 많다.

병원을 순례하다 건강 염려증 환자가 된 어머니

딸만 셋을 둔 평범한 주부 K씨가 건강 염려증 환자가 된 건 막내딸의 대학입시 때문이었다. 남편과 아이들 뒷바라지하며 그저 남들 사는 대로 살아온 그녀에게 막내딸의 대학 입시가 문제를 안겨 주었다. 평소 남에게 지기를 싫어하고 성격이 예민한 아이는 특수 악기를 공부해 대학에 진학하고 싶어 했다. 집안 형편상 무리였지만 워낙 막내딸을 예뻐하는 아버지의 적극적인 후원으로 시작은 어렵지 않았다. 그런데 언제나 그녀와 경쟁을 하던 동서의 딸도 같은 악기를 전공하고 또 같은 학교를 목표로 대학입시를 준비하면서부터 상황이 달라졌다. 서로

앞다퉈서 유명한 음악선생에게 개인지도를 시키다 보니 경제적으로 점점 더 힘들어진 것이다.

스트레스가 쌓이고 압박감이 심해지면서 언제부턴가 환자는 글자가 두 개로 보이고 심한 두통에 구토로 괴로워하는 증세를 보이기 시작했다. 병원에 가도 신경성일 뿐 몸에는 아무 이상이 없다는 얘기밖에 해주지 않았다. 이제 막바지인데 내가 쓰러지면 안 된다는 생각에 더욱 초조해진 그녀는 이 병원 저 병원을 찾아다녔지만, 결과는 마찬가지였다. 그런데도 그녀의 증세는 점점 더 악화하였다. 폐경기가 지난 줄 알았는데 이상한 출혈도 생겼고 늘 가슴이 뻐근하고 아픈가 하면 숨쉬기도 점점 더 힘들어졌다.

전형적인 건강 염려증 환자가 된 그녀가 마지막으로 정신과를 찾은 건 서울 시내 유명한 병원에서 할 수 있는 온갖 검사를 이미 수십 번 되풀이한 이후였다.

스트레스가 지나쳐 발병하는 정신장애

드문 경우이긴 하지만 환자의 정신력이 스트레스를 감당하지 못할 때 실제로 병이 발생하는 수가 있다. 급성으로 1, 2주간 병적인 증상을 보였다가 호전될 수도 있고 만성적인 질병으로 진행되기도 한다.

증상은 다양하다. 피해망상이나 과대망상, 빈곤망상 같은 사고의 장애를 보이는 수도 있고 환청이나 환시 등을 동반하는 예도 있다. 사고의 장애 없이 감정의 기복이 병적으로 심한 상태는 정동장애로 분류된다. 감당하기 어려운 스트레스로 인해 일시적으로 정신병 증상을 보이는 경우는 단기반응성 정신병이라고 한다.

이런 증상은 단순히 아이들의 입시로 인한 스트레스 때문이라기보단 여러 가지 원인이 복잡하게 얽혀 있는 경우가 많다. 드물게는 자녀가 먼저 정신병에 걸리고 그것을 간호하던 어머니도 같이 발병하는 일종의 공동정신병인 이인성 정신병도 볼 수 있다.

피해망상에 사로잡혀 줄곧 아이만 따라다니는 어머니

40대의 이 주부는 전형적인 피해망상 증세로 입원하게 되었다. 남편과의 사이에 아들 하나를 두고 있고 남편은 직장이 지방이라 주말에만 볼 수 있었다. 게다가 남편의 성격이 워낙 무뚝뚝하고 말이 없는 타입이라 잔정을 느끼며 살지는 못했던 그녀에게 유일한 희망은 아들뿐이었다.

아들은 내성적인 성격의 완벽주의자였다. 공부도 전교에서 늘 1등 아니면 2등이었다. 그녀 자신도 성격이 내성적이라 친구도 별로 없고 인생을 즐기는 타입도 아니었다. 그녀에게 유일한 낙은 아들 뒷바라지를 하는 것이었다. 결혼 초기에는 시집 식구들과의 갈등이 너무 심해서 몇 번이나 이혼을 결심했지만 그러다가도 어릴 때부터 워낙 똑똑했던 아들 키우는 재미에 마음을 바꿔먹곤 했다.

아들이 고3이 되자 그녀는 남편이 주말에 서울에 오는 것조차 못 오게 막았다. 아들 뒷바라지할 시간을 남편 시중드는 데 빼앗기면 안 된다는 생각 때문이었다. 같은 이유로 친척이나 특히 시집 식구들이 드나드는 것도 달가워하지 않았다. 처음에는 화를 내던 남편도 아이의 대학 입시가 우선이라고 생각했는지 결국 부인의 뜻을 따르게 되었다.

그 뒤로 이 환자는 오로지 아들만을 위해 24시간을 전부 바쳤다. 아들이 잠을 자거나 공부하는 시간에는 방해될까 봐 전화선도 뽑아 놓았고 아들이 있을 때는 텔레비전이나 라디오도 절대로 켜지 않았다. 아들이 없는 시간에는 아들 방 청소와 간식 만드는 일에 모든 정성을 쏟았고 그것만이 그녀의 유일한 기쁨이기도 했다. 두문불출하는 그녀가 걱정되어 찾아오는 친구나 친정어머니도 아이가 있는 밤에 찾아오면 노골적으로 싫어했다. 아이가 공부하는 데 초인종 소리 때문에 방해를 받는다는 것이 그 이유였다. 처음에는 걱정을 해주던 사람들도 그녀의 지나친 태도에 점점 기막혀 하며 발걸음을 끊게 되었지만, 그녀는 물론 신경도 쓰지 않았다.

"흥, 내 아들이 일류대에 수석 합격만 해 봐라."

그녀는 아들이 수석합격을 하고 인터뷰 사진이 신문과 방송에 실리는 것만 상상해도 가슴이 벅차오르곤 했다.

시험 날짜가 다가오자 아들은 눈에 띄게 불안하고 초조한 증세를 보이기 시작했다. 잠도 안 자고 먹지도 않고 신경질만 냈다. 그녀가 근처에 얼씬거리기만 해도 "엄마 때문에 내가 더 불안해져"라며 마구 화를 냈다. 어머니로서는 참 섭섭하고 불안하기도 했지만, 시험이 끝나면 나아지려니 하고 참았다. 그러던 어느 날 그녀가 밤참을 가져가자 아들은 방해되니 제발 들락거리지 말라고 버럭 소리를 질렀다.

"엄마가 널 위해서 만든 건데 한 입만 먹어 봐."

그 말이 떨어지기 무섭게 아들은 그릇을 바닥에 내동댕이치며 이렇게 외쳤다.

"엄마가 이럴 때마다 숨이 막혀 미쳐버릴 것 같아! 난 애가 아니란 말이야! 제발 그만 좀 참견해!"

아들의 태도에 크게 충격 받은 어머니는 그날 밤 한숨도 못 잤다. 뭔가 자신이

엄마에게

잘못한 게 있어서 아들이 그러는 것만 같았다. 그녀는 자신이 뭘 잘못한 건지에 대해 고민하다 밤을 하얗게 새워버렸다.

다음날, 아들이 등교하고 나자 그녀의 머릿속에는 오로지 '혹시 얘가 엄마한테 너무 심한 말을 한 게 미안해서 넋을 놓고 걸어가다 차에 치이기라도 하는 건 아닐까?' 하는 생각뿐이었다. 너무나 불안해진 그녀는 결국 학교 앞으로 달려가서 아들을 기다렸다. 하지만 교문 앞에서 어머니를 발견한 아들은 또다시 미친 듯이 화를 냈다.

집으로 돌아와서도 그녀는 자기가 한 행동 때문에 아들이 공부를 망치면 어쩌나 하는 불안감 때문에 다시 불안해졌다. 엄마의 과잉반응에 부담을 느낀 아들은 입시를 치를 때까지 독서실에서 지내겠다며 아예 집에 들어오려고도 하지 않았다. 그녀는 아들이 제대로 공부하고 있는지 찾아가서 직접 눈으로 확인해보고 싶은 마음이 간절했지만 또 야단을 맞을까 봐 그러지도 못하고 미칠 것처럼 초조한 마음으로 하루하루를 보냈다.

결국, 그녀는 누군가 아들을 죽일지도 모른다는 피해망상과 '네 아들을 누가 죽이려 한다.'는 환청에 시달리기에 이르렀다. 결국 그녀는 아들의 연락을 받고 달려온 남편에 의해 병원에 입원하게 되었다.

물론 이런 경우가 흔한 것은 아니다. 그러나 정신과 영역에서 정신분열증의 발병률을 1퍼센트, 즉 1백 명당 한 명으로 보면 우리 주위에서 드물게나마 일어날 수 있는 일이다.

이 경우 어머니 자신의 내성적이며 외골수적이고 한편으론 의존적인 성격이 일차 문제가 되고 있다. 여기에 남편에게서 얻지 못한 의존에 대한 욕구를 자식에게 온통 기대하고 있었던 것이 더 큰 문제를 불러왔다. 어머니는 자식이 대든 것이 그녀 전체를 거부하는 것이라고 받아들였고 그러한 불안감이 도를 넘어서면서 정신병이 발병하고 만 것이다.

병적 도박이나 도벽을 보이는 충동조절장애

자신의 불안한 심리상태를 견디지 못하고 병적인 도박이나 도벽으로 불안감을 해소하려는 비정상적 행동장애를 말한다. 자기 자신이나 타인에게 피해를 주는 행동임을 뻔히 알면서도 그런 충동이나 욕구, 유혹 등을 억제하지 못하는 것이 특징이다. 행동으로 옮기기 전까지 고조되는 긴장감에 전율을 느끼며 일단 일을 저지르고 나면 그 긴장감에서 해방되면서 대단한 쾌감을 경험한다. 이때 죄책감을 느끼는 때도 있지만 그렇지 않은 때도 있다.

드문 경우이긴 하지만 자녀의 입시준비 때문인 스트레스를 이러한 병적행동으로 해소하는 어머니들도 있다. 시험 날짜가 다가올수록 그런 충동은 더욱 심해지는데 대개는 그 이전부터 성격적으로 문제가 있었던 경우 많이 발견되는 증상이다. 충동 조절이 잘 안 되기 때문이기도 하나 우울증의 변형된 모습일 수도 있다. 정신과에서는 이러한 증상을 가면우울이라고 한다.

어느 날 백화점에서 처음 속옷을 훔친 뒤로는….

3남매를 둔 47세의 B씨는 평소 남에게 지고는 못사는 강박적인 성격의 소유자였다. 남편은 재벌기업의 중견간부였고 생활은 안정된 편이었다. 하지만, 그녀는 일에만 묻혀 사는 남편에게 늘 불만이 많았다.

아이들이 공부를 잘하면 혹시 남편이 집안일에 좀 더 관심을 두지 않을까 싶어서 자녀 교육에 정성을 다 바쳤지만 아이들은 어머니가 원하는 만큼 공부를 잘하지 못했다. 게다가 툭하면 어머니에게 대들기나 하는 나쁜 버릇까지 있었다.

어머니가 자신에게 쩔쩔맬수록 아이들은 점점 더 기고만장해졌다. 간혹 아이들이 성적표라도 받아오는 날이면 견디기 힘든 스트레스가 그녀를 압박했다. 남편이 알면 집에서 대체 뭘 하기에 애들 성적이 이 모양이냐고 화를 낼 게 뻔했기 때문에 남편 몰래 쉬쉬하며 넘어가야 하는 상황도 견딜 수 없었다.

어느 날 그녀는 백화점에서 쇼핑하다가 자기도 모르게 속옷 한 장을 슬쩍 훔치게 되었다. 물론 그녀의 지갑에는 충분한 돈이 들어 있었다. 그런데도 그녀는 계산하지 않고 유유히 매장을 빠져나왔다. 뭐라고 설명할 수 없는 야릇한 기분도 잠시뿐이었고 그녀는 그 어느 때보다도 마음이 편해졌다. 그날 이후로 그녀는 아이들의 성적표를 받아 들고 짜증이 나면 백화점을 돌아다니며 자잘한 물건들을 훔치기 시작했다. 가끔은 '내가 미쳤지, 이게 도대체 무슨 짓인가' 하는 생각도 들었지만 그건 죄책감과는 또 다른 감정이었다.

그녀가 죄책감을 느끼지 않은 건 부인에게 무관심한 남편과 형편없는 아이들에 대해 복수를 하는 거란 생각이 더 컸기 때문이었다. 하지만 꼬리가 길면 잡히는 법, 그녀는 또다시 백화점에서 물건을 훔치다 현장에서 붙잡히고 말았다. 처음에는 도둑질하지 않았다며 펄쩍 뛰었지만 이내 가방 안에서 다른 매장에서 훔친 물건까지 나오자 그녀로서도 어쩔 수 없었다. 그녀는 당장 돈을 내겠다고 울면서 매달렸다. 하지만, 처음에 도둑질을 부인하며 오히려 화를 냈던 그녀의 태도에 격분한 백화점 직원들에 의해 경찰서로 넘겨지고 말았다.

놀라서 달려온 남편은 남편대로 뼈 빠지게 일해서 호강 시켜주었더니 이런 미친 짓이나 하고 다니느냐며 화를 내다가 나중에는 충격으로 아예 입을 다물고 말았다. 결국, 그녀는 정신 감정을 받기 위해 입원하게 되었다.

1. 고3 어머니 병을 만드는 여러 가지 요인들

사회 구조에서 본 원인

명문대학 합격이 코리안 드림(?)

60, 70년대까지만 해도 우리에게는 '아메리칸 드림'이 있었다. 가난했던 그 시절, 미국이란 나라는 하나의 환상이었다. 누구나 노력만 하면 부자가 될 기회의 땅. 하지만 세상은 변했고 이제 미국에만 가면 부자가 될 수 있다고 생각하는 사람은 거의 없다. 그 아메리칸 드림이 사라진 자리에 코리안 드림이 '명문대 진학'이라는 모습으로 새롭게 등장했다고 주장한다면 지나친 발상일까?

사실 명문대학에 입학했다고 해서 부와 권력이 보장되는 건 아니다. 그런데도 아직 대부분의 부모들이 일류 대학에 대한 환상을 버리지 못한다. 자신이 이루지 못한 꿈을 자식이 이루길 바란다거나 명문대 진학이 곧 신분 상승의 발판 구실을 한다고 생각하는 부모들이 여전히 존재하기 때문이다. 하지만 날이 갈수록 고도로 다양해지고 있는 사회 구조 속에서 그런 이유가 언제까지나 설득력이 있을 수는 없다.

아메리칸 드림을 품고 이민 갔던 많은 사람들이 미국 생활에 실망하고 우리나라로 역이민을 온 경우도 많다. 마찬가지로 막상 원하던 대학에 들어가고도 허탈감에 빠지는 학생도 많고 명문대를 졸업하고도 사회에 적응하지 못하는 사람들도 늘고 있다. 그걸 모르지 않으면서도 '내 자식만큼은 일류대학을 가야 한다.'고 고집하게 되는 이유는 뭘까?

남의 이목을 우선시하는 사회

정신의학자 융은 인간의 무의식 속에, 조상이나 종족 전체의 경험이나 생각과 관계있는 감정이 포함된 집단 무의식이 존재한다는 사실을 밝혀냈다. 인간의 사고나 행동을 평가할 때 그가 속한 민족의 민족성이나 역사 및 문화를 무시할 수 없는 이유도 거기에 있다는 것이다.

우리나라니 일본에서 특히 입시 문제가 심각하게 대두되고 있는 것도 한 개인의 문제가 그가 속한 가족이나 집단의 문제로 연결되는 문화적 특성 때문이다. 특히 우리나라의 전통적 가치관에 따르면 한 개인의 존재 이유는 그 가족과 가문의 특성에 따라 평가되어왔다. 가족주의적이고 집단주의적 가치관이 개인의 존재 가치보다 우선시 되어 온 것이다. '나'라는 개념보다는 '우리'라는 집단의식을 앞세운 전통 속에서 '너'도 '나'도 '우리'라는 공동체적 의식 속에 녹아들게 마련이다. 따라서 아이의 대학 입시도 마치 가족이나 가문을 대표하는 선수가 시험을 치르는 것 같은 상황이 될 때가 많다. 그리고 만약 아이가 대학 입학시험에 실패하거나 목표했던 것보다 점수가 낮은 대학에 들어가면 그것은 곧 온 가족의 문제가 되는 것이다.

상황이 그렇다보니 한 가족의 살림을 이끌어 가는 실질적인 책임자인 어머니가 자식교육에 결사적이 되는 건 어쩌면 자연스러운 현상이기도 하다. 여기에 우리나라 어머니들 특유의 모정이 합쳐지다 보니 결국 그 부담이 가중되어 '고3 어머니병' 까지 생기게 된 것이다.

미국에 거주하는 한국인 정신과 의사가 한국인과 미국인의 정신분석 태도를 비교한 흥미 있는 보고서를 낸 일이 있다. 그의 보고서로는 한국인은 미국인보다 수치심을 참지 못하는 경향이 높은 것으로 드러나 있다. 또한, 자기 자신과 집안의 체면 유지에 상당히 집착하며 덧붙여 남의 체면 유지까지 신경을 쓰고 있다고 한다.

우리가 살아가면서 얼마나 남의 눈을 의식하는지는 우리 자신이 더 잘 알고 있다. 우리는 아이들을 야단칠 때도 "그런 행동은 이래서 나쁜 거니까 하지 말라"라고 하기보다는 "남들이 어떻게 생각하겠니?" 혹은 "사람들 보기 창피하니까 하지 말라"라고 말하는 경우가 더 많다. 옳고 그름을 말할 때도 객관적인 판단 기준보다는 남의 이목을 앞세우는 것이다.

상대방을 평가할 때도 그가 어느 정도의 재능과 잠재력을 지녔는가는 중요하지 않은 경우가 많다. 그보다는 어느 집안 출신이고 어느 학교에 다녔다는 외형이 더욱 중요하게 생각되는 사회에서 우리는 살고 있다. 상황이 그렇다 보니 자기 자식이 그런 외형상의 조건을 완벽하게 갖추기를 바라는 건 당연한 일이다. 하지만 때로 그런 잘못된 선택 때문에 자식에게 평생 멍에를 지우는 일도 생겨난다.

내가 하고 싶은 공부를 했더라면….

본래 수줍고 감수성이 예민하고 음악을 좋아하던 A는 음악대학에 진학해서 음악가가 되는 게 꿈이었다. 하지만, 유명한 의사인 아버지는 그가 자신의 대를 이어 의사가 되어야 한다고 굳게 믿고 있었다. 더구나 그 아버지는 '우리 가문에 음악 하는 남자는 있을 수 없다.'라는 그릇된 고정관념마저 지니고 있었다.

아들은 결국 아버지의 뜻을 거역하지 못하고 의과대학에 진학했다. 의과대학에 가더라도 음악 하는 친구들이 있는 고향의 대학에 진학하고 싶었지만 그건 말도 안 된다는 아버지의 진노 때문에 두 번째 꿈마저 접어야 했다. 그 아버지의 표현을 빌자면 그가 진학한 명문대 출신이 아니면 그 집안사람이 될 수 없다는 것이었다.

A는 집을 떠나 혼자 서울에서 대학 생활에 적응하려고 나름대로 최선을 다했다. 하지만, 처음부터 적성에 맞지도 않았던 의대생활은 그에게 지옥과도 같았다. 끔찍하게 많은 공부의 양은 문제가 되지 않았다. 그보다는 비교 생물학 시간에 불쌍한 토끼를 잡다가 잔인하게 해부하는 과정을 지켜봐야 하는 과정이 견딜 수 없이 괴로웠다. 해부가 끝난 다음에는 태연하게 그 토끼를 잡아먹자고 떠드는 친구들을 참아 내는 것도 쉽지 않았다. 시체해부학 시간이 되면 그저 죽고 싶은 마음밖에 들지 않았다. 집에 돌아와도 해부를 했던 시체의 얼굴이 눈앞에 아른거려 견딜 수가 없었다. 음식만 봐도 시체 냄새가 떠올라서 아무것도 먹지 못하는 날도 있었다.

혼자 서울에 와서 생활하다보니 그에게 따뜻한 관심을 기울여 주는 친한 친구가 있는 것도 아니었다. 남에게 관심을 두기에 의과대학 학생들이 감당해야 하는 공부의 양은 지나치게 많았고 그래서 모두가 자기 일을 하는 것만으로도 너무

벅찼다. 그렇다고 수줍음을 많이 타는 A가 먼저 친구를 사귀는 것도 어려웠다. 그러던 차에 우연히 알게 된 한 친구가 어떤 감기약을 먹었더니 기분이 좋아지더라는 말을 하며 A에게도 권했다. 그런데 그 약을 먹었더니 정말로 평소보다 모든 걸 견디기가 훨씬 수월해졌다. 우울한 기분에서 쉽게 빠져나올 수도 있었고 우쭐한 자신감도 생겼다. 결국 A는 차례로 약을 바꿔가며 복용하다 마침내 마약에까지 손을 대게 되었다. 강의시간에 빠지는 일은 점점 더 많아졌고 방학이 되어도 바쁘다는 핑계로 집에 내려가지 않고 마약에만 빠져들었다. 결과는 학점 미달로 인한 퇴학이었다. 그 사실을 알게 된 아버지는 무섭게 화를 내며 "너처럼 가문을 망신시킨 놈은 우리 집안에 필요 없다."고 의절을 선언했다.

결국, 보다 못한 어머니의 손에 이끌려서 정신과를 찾았을 때 A에게서 본래의 수줍고 착한 청년의 모습을 전혀 찾아볼 수가 없었다. 한 마디로 비극이라고밖에 할 수 없었다. 만일 원하는 대로 음악대학에 진학을 했더라면 A는 지금쯤은 자신이 좋아하는 일을 하며 행복하게 살 수도 있는 거였다. A의 아버지는 자식이 퇴원할 때까지 단 한 번도 병원을 찾아오지 않았다.

다양성을 인정하지 않는 사회

또 하나의 문제는 감정의 다양성을 인정하지 못하는 사회 분위기에 있다. 한국사람들은 보통 우리가 한 핏줄을 이어 내려온 단일민족이란 사실을 내세우는 걸 좋아한다. 물론 동질성을 앞세운 문화에는 나름대로 많은 장점이 있다. 응집력이라든가 강한 결속력 등. 그러나 동질성을 강조하다 보니 나오는 다른 세계, 다른 문화, 다른 집단에 대해서 갖는 배타성이 큰 문제가 되고 있다.

우리 문화를 가리켜 '이심전심의 문화'라고 한다. 그건 내가 일일이 얘기하지 않아도 남도 나처럼 느끼기를 기대하는 심리에서 나오는 것이다. 그러다 보니 우린 '튀는 것'을 별로 좋아하지 않는다. 동질감을 강조하는 특성 때문에 감정의 다양성을 인정할 수 없다.

자녀교육도 마찬가지다. 남들이 다 대학에 가니까 내 자식도 그 대열에서 빠지면 안 되는 것이다. 우리 가족 중에 대학에 못 간 자식이 있으면 이상한 집안이 되기 때문에 곤란하다고 생각하고 모든 걸 희생해서라도 그 집단에 속하려 드는 것이다.

가족 구조에서
본 원인

어머니에게만 자녀 교육을 맡기는 구조의 허와 실

우리나라만의 이상한 전통이지만 가정의 경제권과 자녀 교육이 어머니몫으로 분리된 집들이 많다. 이런 현상을 여권신장의 결과라고 생각하는 사람은 아무도 없을 것이다. 오히려 가정의 경제권과 자녀 교육을 전적으로 아내에게 떠맡기는 남성의 편의주의에서 나온 발상이라고 보는 게 더 맞다.

서양의 가정은 부부 중심으로 이루어져 있다. 따라서 아내는 자신을 소개할 때 "나는 아무개입니다."라고 하지 우리처럼 "아무개 엄마예요." 라고 하지 않는다.

얼마 전 부부동반 모임에 참석했다가 참 쓸쓸한 장면을 목격했다.

부인들을 소개할 차례가 되자 한 여자가 일어나서 "제 이름은 아무개입니다."라고 자기소개를 했다. 그러자 사회자가 "누구 엄마시죠?"라고 다시 묻는 게 아닌가. 그 부인은 다시 "제 이름은 아무개입니다."라고 대답했다. 그런데 놀랍게도 남자 사회자가 또다시 "누구 엄마시죠?" 하고 물었고, 부인은 끝까지 같은 대답을 반복했다. 그런데도 그 남자 사회자는 집요하게 "아무개 엄마 아닙니까?"라고 되물었다.

아마도 사회자는 당당하게 자신의 이름을 말하는 부인의 태도가 당돌하다 싶어서 그랬던 모양이다. 그런데 더 어이가 없는 건 그 사회자가 아주 젊은 남자였다는 사실이다. 아직 젊은 사람이 그럴 정도면 나이 많은 세대는 어떨까 싶어서 뒷맛이 개운치 않았다.

이처럼 우리나라 여성들은 결혼 하고 나면 '아무개 엄마'로 고정되어서 자녀 교육을 전적으로 떠맡게 된다. 가정 내에서 경제권을 쥐고 있는 것도 사실은 별 의미가 없다. 대부분의 남자들은 월급을 아내에게 가져다주는 것으로 가장의 역할을 다했다고 생각하고 집안일에는 신경을 쓰지 않는다. 이런 태도 역시 '남자는 자잘한 일에 관여하지 않는다.'라는 유교문화의 소치일 뿐 결코 여성의 권리를 인정해서 그러는 건 아니라는 것이다.

문제는 가정의 경제권과 자녀 교육을 전적으로 아내에게 떠맡기고 나 몰라라 하다가도 막상 일이 잘못되면 그 책임을 모두 아내에게 떠넘기는 남편들이 많다는 점이다. 원망과 비난은 모두 부인에게 쏟아진다. 그러니 여자들은 자기가 맡은 역할을 완벽하게 해내기 위해서 살림을 하면서 아이들 교육에도 지나친 열성을 보일 수밖에 없다. 그런데도 사회는 이런 엄마들의 교육열을 치맛바람으로 싸잡아서 욕하기 일쑤다. 이래저래 어머니들이 설 자리는 더욱 좁아질 수밖에 없다. 그 좁아진 시야로 자녀 교육에 매달리다 보면 본의 아니게 '고3 어머니병'에도 걸리게 되는 것이다.

불확실한 아버지의 자리가 더 문제

이 세상에서 가족만큼이나 서로에게 지대한 영향을 미치는 관계도 없다. 누구나 가족 안에서 사랑과 미움, 질투, 자존심, 불안, 기쁨, 죄책감 등 인간이 경험할 수 있는 모든 감정을 주고받는다. 이 모든 감정들은 가족 구성원 모두의 생각, 행동, 인간관계 등에 절대적인 영향력을 행사한다.

가정은 우리가 어린 시절부터 인생을 배우는 삶의 현장이다. 성장하면서 가족이 아닌 다른 사람들과 만나면서 삶의 방법이 어느 정도 수정될 수는 있지만, 우리가 인생을 살아가는 기본 규율을 배우는 곳은 역시 가정이다.

가정에서 가장 중요한 것 중 하나가 각자의 역할에 대한 경계선이다. 나와 남과의 사이에 분명한 경계선이 존재하듯 남편과 아내, 부모와 자식 사이에도 각자의 역할에 따른 경계선이 그어져 있어야 한다. 또 그것을 수용할 수 있는 인격적 성숙을 갖추어야 한다.

이 경계선이 불확실하게 되면 가족 구성원 중 어느 한 사람의 문제가 온 가족의 문제로 비화되어 결국 가족 전체가 혼란에 빠질 수 있다. 특히 든든하게 뿌리를 내린 거목처럼 가족 전체를 떠받쳐 주어야 할 아버지의 자리가 분명하지 않으면 그 가정은 언제 구심점을 잃고 표류하게 될지 알 수 없다.

늘 일에 쫓기는 아버지들은 자신도 항상 말하듯이 참 바쁘고 또 바쁘다. 덕분에 아무런 죄책감 없이 아이들의 문제는 전적으로 아내에게 떠넘기고 자기 일에만 몰두한다. 그러다 어느 날 고개를 들어 보면 자식은 이미 자기보다 머리 하나쯤 더 커 있게 마련이다. 그런데 이 녀석이 어찌된 셈인지 아버지를 외면하고 어머니 치마폭만 감싸고 도는 게 아닌가. 자신이 바쁘다는 핑계로 메워 주지 못한 시간과 공간을 오로지 엄마가 채워왔기 때문에 벌어지는 현상이다. 그동안 부부 사이는 저만큼 멀어져 있고, 아내는 아이에게 모든 걸 희생함으로써 그 허전함을 달래온 것이다. 그러다 아이가 고3이 되어 입시가 목전에 다가오면 어머니와 자식의 관계는 더욱 밀착된다. 그때쯤이면 이미 어머니는 아이를 명문대에 진학시키기 위해 거의 모든 시간을 아이에게 집중하고 있다. 결국 남편과의 관계는 더욱 소원해질 수밖에 없다.

이렇게 대부분 집안은 견고한 모자 연합으로 이루어지는 경우가 많다. 그러던 어느 날 이런 상황을 더는 참을 수 없게 된 아버지가 억울한 심정으로 부당성을 지적해 본다. 하지만 돌아오는 건 "당신이 우리한테 해준 게 뭐가 있어요?" 아니면 "아버지가 언제 우리 가족이었어? 잠만 자고 나가는 하숙생 아냐." 같은 냉소적 반응뿐이다.

"내가 너희 먹여 살리느라 얼마나 등골이 휘도록 고생하는데 고작 이게 그 보답이냐?"라고 한마디 더 화를 내보지만, 모자 연합은 더욱 굳건해지고 아버지는 점점 설 자리를 잃게 된다. 이쯤 되면 가정 내에서 아버지의 역할은 자식 교육뿐 아니라 가정 전체에서 소외되는 경우가 많다. 그런 가정은 이미 정상적인 기능이 이루어진다고 볼 수 없다.

반대로 아버지의 전횡에 휘둘려 가족 전체가 전전긍긍하며 살아가는 가정도 많다. 이때도 역시 아버지로서의 역할에서 실패하고 있기는 마찬가지다.

다행히 요즘은 집안에서 아버지의 역할이 더 커지고 자녀교육에도 어머니와 대등한 역할을 하는 경우가 늘고 있다. 아버지의 자리 찾기라고 해서 특별한 뭔가가 있는 건 아니다. 다만 집안에서 가족 구성원 모두가 각자 분명한 경계선을 긋고 자기 역할에 충실하다 보면 아버지의 자리는 저절로 찾아지는 것이다.

부부갈등이 가져오는 파국

서로 화합하지 못하는 부부가 자녀 교육에 성공하는 예는 매우 드물다. 부부 관계가 오랜 세월을 두고 갈등상태에 놓여 있으면 가족들은 그 가정의 안정감을 유지하려고 나름대로 방어적인 기전을 사용하게 된다. 그중에서 부부가 서로 감정적인 반응을 회피하는 것을 '감정유리'라고 한다. 함께 살면서도 감정적으로는 별거하는 부부가 그 예에 속한다. 이들은 서로 상처를 줄 만한 예민한 화제는 덮어 두고 교묘하게 각자의 일에만 몰두하며 살아가는 경우가 대부분이다. 남편은 사회생활에만 열중하고 아내는 아이에게 몰입하는 것으로 갈등을 피해 가는 식이다. 그때 아이들이 끼어들면서 삼각관계가 형성된다. 그런 관계에서 주로 끌려 들어가는 자식은 장남이나 장녀 또는 막내나 심신장애가 있는 자녀, 그밖에 부부 사이에 긴장도가 높을 때 태어난 자식이라는 보고가 있다.

특히 남편과의 사이에서 어떤 문제가 있을 때 어머니는 자식에게 지나친 집착을 보이는 경우가 많다. 이것은 어제 오늘의 문제가 아닌 모양이다. 〈한비자(韓非子)〉에도 "자식에 대한 어머니의 애증은 어머니에 대한 아버지의 좋아함과 싫어함에 달렸다."는 말이 나온다.

다음은 서로 화합하지 못하는 부부 사이에 끼어서 고통받다 결국 정신과에 입원하게 된 한 여학생의 이야기이다.

부모의 갈등으로 신경증을 앓게 된 고3 여학생

이 여학생은 딸만 넷인 집안의 장녀로 어머니의 집착에 가까운 편애 속에서 자라났다. 부모는 모두 일류대학 출신으로 그에 대한 자긍심이 남달랐다. 아버지가 다니던 회사를 그만두고 사업을 하면서 부모 사이는 서서히 벌어지기 시작했다. 어머니가 사업하는 것을 결사적으로 말렸으나 아버지의 고집을 못 꺾은 것이다. 아버지는 내성적이고 조용한 성격이지만 그 안에 무서운 고집을 담고 있었고 어머니는 적극적이고 외향적인 성격의 소유자였다. 아버지의 사업이 실패하면서 두 사람 사이는 걷잡을 수 없이 악화됐다. 어머니는 아이들이 보는 앞에서도 자기 충고를 무시하고 사업을 시작한 아버지에게 마구 비난을 퍼부었다. 아버지는 말없이 그 수모를 견뎌냈다. 그러다가 친구와 동업을 해서 다시 사업을 시작하면서 다른 여자와 동거를 하는 것으로 결국 부인에게 복수했다.

그 사실을 알게 된 부인은 곧바로 그 여자에게 달려가 한바탕 난리를 피운 끝에 아버지를 다시 집에 들어오게 하는 데 성공했다. 하지만 그날부터 아버지는 각방을 쓰고 어머니에게 단 한마디의 말도 건네지 않는 생활이 계속되었다. 그럴수록 어머니는 남편을 비난하고 딸들에게 자신이 얼마나 불쌍한 여자인지를 이야기하며 울곤 했다.

다른 딸들은 그런 어머니를 오히려 비난했다. 하지만, 큰딸은 어머니의 처지를 동정하고 함께 아버지께 대들기도 했다. 그러나 아버지는 오불관언, 요지부동이었고 어머니는 자기편이 되어 주는 큰딸에게 모든 정성을 퍼부었다. 게다가 큰딸은 공부도 잘했다. 어머니는 그런 딸이 일류대에 진학하리라 굳게 믿고 계를 여러 개 만들어 가며 과외비를 충당했다.

그러던 중 연쇄적으로 계가 다 깨지면서 어머니는 경제적으로 엄청난 부담을 안게 되었다. 어머니는 딸을 위해 남편에게 큰딸만큼은 좋은 대학에 들어갈 수 있게 과외비를 내달라고 애원했지만, 남편은 저만 잘하면 과외 안 해도 얼마든지 좋은 대학에 들어갈 수 있다며 그 부탁을 거절했다. 어머니는 그 사연을 딸에게 시시콜콜하게 털어놓으며 딸도 자기와 힘을 합쳐 아버지를 미워하게 하였다.

아이는 2학기가 시작되면서 모든 걸 희생하는 어머니를 위해서라도 그리고 아버지에게 복수하기 위해서라도 꼭 일류대에 들어가야 한다는 생각에 더욱 공부에 몰두했다. 그러나 중압감이 너무 큰 탓이었을까, 언제부턴가 잠을 못 이루고 불안 초조감에 시달렸다. 그러더니 끝내는 "아버지가 나를 강간했다.", "샤워할 때

옆집의 남학생이 망원경으로 자기를 훔쳐본다.", "학교 선생님들이 내 일거수일 투족을 다 감시하며 집에다 도청장치를 설치했다."고 횡설수설하기 시작했다. 아이는 결국 병원에 입원하게 되었다. 어머니의 실망과 좌절감도 몹시 심각해서 딸과 함께 치료를 받아야 했다.

어느 자식이든지 부모 모두에게 인정받고 싶은 욕구가 있다. 프로이트의 이론에 의하면 아이들은 성장하면서 먼저 부모 가운데 이성에게 친밀감을 느끼고 그 다음에는 부모 가운데 동성에게 그런 마음을 느낀다고 한다. 그러다 사춘기가 되면 다시 부모 가운데 이성에게 더 인정을 받으려고 하다가 이런 감정이 잘 발달함으로써 건강한 이성애를 획득할 수 있게 되는 것이다.

그런데 이 딸의 경우는 정상적으로 경험해야 할 오이디푸스 콤플렉스가 병적인 증상으로 나타난 사례였다. 아이는 자신에게 의존하는 어머니로 말미암아 감히 아버지에게 느끼는 친밀감을 인정할 수 없었다. 또한, 어머니를 통해 듣는 부정적인 아버지상 때문에 일반적인 남성상 역시 부정적으로 형성될 수밖에 없었던 것이다. 이런 경우, 환자의 병적인 망상은 아버지에 대한 그리움이 정신병의 특징인 퇴행적인 성욕구로 나타난 것으로 진단되었다.

심리적 구조에서 본 원인

내 아이 만큼은 다르다

우리나라 속담에 '아들이 셋이면 도둑놈을 욕하지 말고, 딸이 셋이면 화냥년을 욕하지 말라'는 말이 있다. 세상을 살아가면서 어떤 일이 나에게 닥칠지 모르니 겸손하라는 뜻도 되고 그만큼 자식 교육이 어렵다는 의미일 수도 있다.

자식을 키우는 과정은 곧 부모의 성격, 자라난 환경, 인격적인 성숙도와 여기에 아이의 타고난 천성이나 재능 등이 서로 얽혀서 반응하는 과정이라 할 수 있다. 그러므로 모든 인간관계 중에서도 가장 어렵고 복잡다단한 일이 바로 자식을 키우는 일이다. 그런데도 우리는 그것을 가장 쉬운 일로 착각하는 오류를 범하며 살아가고 있다. 사실 우리는 대부분 아무런 사전지식도 없이 결혼하고 아이를 낳고 살아간다. 우리에게 교범이 되는 것이라곤 우리 부모 세대의 인생과 자신의 막연한 느낌이 전부인 경우가 많다.

더구나 아직도 우리는 '자녀교육 = 영재교육 = 일류대 합격'이라는 등식에서 좀체 벗어나지 못하고 있다. 자연히 그렇게 뛰어나지도 특별하지도 않은 자식을 둔 많은 부모들은 내심 좌절감을 느끼거나 기가 죽을 수밖에 없다. 그리고 그런 감정은 대개 자녀에 대한 분노로 이어지는 것이 보통이다. "나는 널 위해 최선을 다했는데 넌 우리를 위해 무엇을 했느냐."라는 분노의 감정은 다시 정신적 물리적 폭력이라는 형태로 아이에게 상처를 입히게 된다.

환자나 그 가족들을 면담하면서 가장 많이 듣는 얘기 중의 하나가 "어째서 나에게 이런 일이 일어났는지 모르겠다."라는 한탄이다. 하지만 한 치 앞도 내다볼 수 없는 게 사람 일이다. 그러므로 정작 중요한 건 어떤 일을 당했을 때 얼마나 의연하게 대처하느냐 하는 것이고 그에 따라 그 사람의 인격적인 성숙도가 결정되는 것이다.

자식이 태어나면 어느 부모나 내 아이가 세상에서 가장 총명하고 예쁘고 훌륭한 사람이 되기를 바란다. 특히 자신이 공부도 잘하고 실패를 모르고 살아온 사람일수록 그 소망은 '누구 자식인데 그렇게 안 될 리가 없지.'라는 자만으로 이어지고 이런 자만은 아이의 재능이나 소양과 아무 상관 없는 부동의 믿음으로 자리하는 경우가 많다. 따라서 그 믿음이 깨지는 순간에도 현실을 받아들이지 않고 오히려 자식을 비난하게 된다. 오히려 어떻게 내 자식이 이럴 수가 하는 생각 때문에 더 큰 배신감을 느끼고 더 크게 실망하는 것이다.

그런가 하면 언젠가 한번은 모임에서 어떤 친구가 열심히 뒷바라지하는데도 아이가 제대로 따라와 주지 못한다고 불평을 한 적이 있다. 그러자 다른 친구가 "넌 학교 다닐 때 그렇게 열심히 공부했니?"라는 말을 던져서 한바탕 웃은 일이 있다. 우리는 자신의 실수나 결점에 대해서는 너그럽다. 그러면서도 아이에 대해서는 좀체 너그러운 마음이 되지 못하는 것은 결국 욕망이 눈을 가리고 있기 때문 아닐까.

부모로서 아이가 나고 자라는 것을 보는 기쁨만큼 큰 것은 없다. 그런만큼 아이의 재능이나 소양이 부모의 기대에 못 미치거나 아이가 전혀 다른 방향으로 어긋난다거나 할 때 겪어야 하는 좌절감 역시 매우 크다. 그런 사실을 처음 알았을 때 느끼는 갈등을 잘 극복하는 일이야말로 부모 노릇의 첫 번째 관문을 통과하는 것이다.

언젠가 나의 아버님께서 "난 내 자식들이 내 성격과 외모를 닮아 가는 걸 보고 불교에서 말하는 윤회가 바로 이런 거 아닌가 생각했다. 내 자식들이 나를 이어 가고 또 그 자식들이 그를 이어 가는 것이 바로 윤회가 아니고 무엇이겠는가." 하고 말씀하신 적이 있는데 나 역시 그 말에 깊이 공감했다.

자식은 이처럼 우리에게 자신의 삶을 다음 세대로 연결해주는 고리 역할을 하는 이 세상에 둘도 없는 소중한 존재이다. 이 세상의 어느 부모인들 그런 자식이 훌륭하게 자라는 것을 바라지 않겠는가. 그러나 문제는 60억이 넘는 인간의 얼굴이 모두 다르듯이 그들의 운명도 제각각이며 마찬가지로 우리의 자녀 역시 천차만별인 재능과 성격을 타고난다는 것이다.

분명 내 아이는 남과 다른 특별한 존재이다. 그런 믿음에는 아무 잘못도 없다. 단지 그 특별하다는 것을 독특한 개성으로 해석해 그 아이의 개성이나 재능을 존중해 주기만 한다면 말이다.

그러나 '내 아이는 다르다. 그러니 항상 최고의 것을 선택해준다.'라는 어느 광고 문구처럼 자녀교육이 가정의 여느 문제보다 우선순위를 차지하면 자칫 다른 가족은 아이의 들러리 신세를 면치 못하게 된다.

실제로 아이의 시험기간만 되면 온 가족이 긴장해서 텔레비전 소리도 낮추고 가족모임도 연기하는 경우를 본다. 심지어는 할아버지 할머니가 집을 방문하는 것도 금지되며 찾아와도 인사하는 시간이 아까워서 아이는 방에서 나오지도 못하게 한다. 이쯤 되면 앞 뒤가 뒤집혀도 이 만저만 뒤집힌 것이 아니다. 부모의 턱없는 욕심이 자신들의 눈을 시각 장애인으로 만들고 자식의 앞날을 망치게 되는 것이다.

다음의 사례는 흔치 않은 경우지만 자식의 능력과는 상관없이 최고를 지향하다 비극을 자초한 어느 부모의 이야기이다.

"당신 자식이면 유학 안 보내겠소?"

전문대에 다니고 있는 K군은 부모 모두 일류대학 출신에 아버지는 성공한 사업가이고 어머니 역시 사회적으로 이름이 알려진 사람이었다. K군의 위로 누나가 넷 있었는데 모두 공부를 잘해 다 부모가 원하는 명문대에 진학했다.

그런데 막내에다 외동아들인 K는 전문대에 다니고 있었기 때문에 부모에 대한 죄책감과 열등의식이 심했다. 부모와 누나들은 K에게 대놓고 뭐라 하지 않았다. 하지만, 그는 가족들이 자기를 창피하게 여기고 있다는 것을 뼈저리게 느끼고 있었다.

더욱이 자수성가해서 부자가 된 K의 할아버지는 자긍심이 대단한 사람이었다. 온 집안을 통틀어 K가 전문대에 다닌다는 사실만 제외하면 어느 집안과 비교해도 모자랄 게 없단 얘기를 공공연하게 해서 그의 기를 여지없이 꺾어 놓곤 했다. 결국 죄책감과 열등감을 이기지 못한 K는 정신과 치료를 받아야 했지만 치료가 끝난 후에도 상황은 그다지 나아지지 않았다. 치료하는 동안에도 K는 의기 소침해서 아주 작고 사소한 일조차 자신의 행동이나 생각이 옳은 것인지 일일이 물어보곤 했다.

간신히 전문대를 졸업한 K는 자신의 전공을 살릴 수 있는 작은 회사에 취직하기를 원했다. 하지만 그의 부모는 이제 병도 나았으니 유학을 가서 공부를 더 한 다음에 아버지의 회사를 물려받으라고 강요했다. 부모의 말을 거역할 수 없었던 K는 또 다시 몹시 불안한 증세를 보이기 시작했다. 병원 주치의도 유학은 아직 너무 이른 것 같다며 반대했다. 하지만 그의 부모는 "당신 자식이면 유학 안 보내겠소?"라고 호통을 쳤고 결국 반강제로 유학을 보냈다.

얼마 후 그는 결국 유학 생활에 적응하지 못하고 '부모님이 원하는 자식이 되지 못한 자기 같은 인간은 죽어 마땅하다'는 유서를 남긴 채 자살을 하고 말았다.

자녀를 소유물로 여기지는 않는가?

옛날 어느 마을에 몹시 가난한 농부가 늙은 아버지를 봉양하며 살고 있었다. 그는 가난했지만 아주 효심이 깊었다. 어느 해 심한 가뭄이 들어 가을이 되었지만 추수할 곡식이 하나도 없었다. 온 가족이 꼼짝없이 굶어 죽게 생긴 것이다. 그중에서도 늙은 아버지를 봉양할 음식이 아무것도 없단 사실이 특히 농부의 마음을 아프게 했다.

그러자 농부는 어느 날 아내와 의논하기를 "우리가 자식은 또 낳을 수 있으나 아버지는 이제 돌아가시면 다시 뵐 수가 없소. 그러니 우리 자식을 죽여 아버지에게 고기를 대접합시다."라고 하였다. 역시 효성이 지극했던 아내도 농부의 말에 동의했고 농부는 자기 자식들을 하나하나 죽여 아버지에게 음식을 대접했다고 한다.

어린 시절 이 동화를 읽으면서 나는 이처럼 효성스러운 농부도 있는데 나는 부모님 말씀도 안 듣고 떼만 쓰는 나쁜 아이구나 하는 죄책감을 느꼈었다. 그러면서도 마음 한편으로는 뭔가가 불편했다.

그 후 어른이 되어서야 나는 그때 왜 기분이 그처럼 찜찜했는지 이유를 알 수 있었다. 그것은 참으로 무서운 얘기였던 것이다. 자식을 자신의 소유물로 여기고 언제든지 마음대로 할 수 있다는 생각이 없었다면 애초에 그런 이야기가 만들어질 수 없었던 것이다.

물론 효도를 강조하는 건 중요하다. 어느 정신의학자는 서양보다 우리나라에서 오이디푸스 콤플렉스 때문에 생기는 갈등이 덜 표출되는 것이 효를 강조하는 풍속 때문이란 말도 했다. 하지만, 자식을 생명과 인격을 지닌 한 인간으로 생각하는 게 아니라 필요하면 언제든지 재생산 가능한 물건으로 여기는 소유물의 개념은 우리나라 전래동화 여기저기서 발견할 수 있다.

우리나라는 자녀를 동반한 집단 자살이 유난히 빈번한데 이 역시 자녀를 한 인격체가 아니라 자신의 소유물로 여기는 개념에서 비롯되는 잘못이 아닌가 싶다. '내가 너를 이 세상에 태어나게 했으니 너는 내 소유물'이라고 생각하는 소유의 개념은 자녀 양육에 커다란 부작용을 가져온다.

아이가 원하는 게 뭔지 단 한 번도 생각해 보지 않은 채 부모 마음대로 선택권을 휘두를 때 그 아이가 고유한 인격을 지닌 주체적 인간으로 성장하지 못할 것은 당연하다. 어른이 되어서도 사회에 적응하지 못하고 문제를 일으키기 쉽다. 하지만, 그런 부모일수록 아이가 사회에 적응하지 못하는 이유를 깨닫지 못하고 있는 경우가 많다. 오히려 최선을 다해 키워 놨더니 왜 저 모양인지 모르겠다며 자식을 원망하곤 한다.

언젠가 한 모임에서 중학교 3학년인 아들을 아침저녁 자가용으로 등하교시킨다는 어머니를 만난 일이 있다. 이미 아이가 유치원에 다닐 때부터 그렇게 해왔다고 했다. 그러면서 덧붙이는 말이 이랬다.

"딱 한 번 아이가 친구 생일잔치에 초대되어 간다기에 그럼 나중에 버스 타고 오라고 한 일이 있어요. 그랬더니 애가 저녁 때 얼굴이 아주 노랗게 질려서 들어오지 뭐예요. 난생처음 혼자 버스를 타고 집에 오느라 너무 긴장하고 힘이 들었던 거예요."

그 후로는 절대로 아이 혼자 버스를 타는 일이 없게 하느라 얼마나 애를 쓰는지 모른다는 것이었다. 말끝에 그녀는 자기가 아들을 얼마나 귀족처럼 키우고 있는지 한바탕 더 자랑을 늘어놓았다. 그러자 옆에 있던 다른 아이의 엄마가 "언젠가 내 딸이 결코 당신 아들 같은 위인을 남자친구라고 데려오는 일은 없었으면 좋겠네요. 난 귀족에는 관심 없거든요." 하는 말로 오금을 박았다. 그런데도 그녀는 여전히 자기가 아들을 위해 얼마나 많은 시간과 돈과 열정을 바치고 있는지 장황하게 늘어놓았다.

이런 비슷한 상황은 요즘 젊은 엄마들에게도 심심치 않게 발견된다. 언젠가 사석에서 만난 교육학 교수에게 "그렇게 자란 아이들이 커서 나중에 이 사회의 구성원이 된다고 생각하면 정말 아찔하다."라는 얘기를 들은 적이 있다. 나 역시 그 말에 전적으로 동감한다.

열등감과 보상심리, "내가 못했으니까 너라도…."

열등감은 인간이라면 누구나 가지고 있는 보편적인 감정이다. 겉보기에 제아무리 잘난 것처럼 보이는 사람이라도 내면에 한두 가지씩은 열등감을 숨기고 있게 마련이다.

어느 정신의학자는 열등감이 우리가 무력한 갓난아기로 태어날 때부터 운명적으로 지니고 나오는 감정이라고 했다. 따라서 인간의 인격적 성숙은 이 열등감을 극복하고 힘과 권력에의 의지를 지향해 가는 과정에서 이루어진다는 것이다.

성장 과정에서 자신에게 중요한 사람들과 어떤 관계를 맺고 자랐으며 주위에서 어떤 태도로 양육했는가에 따라 이 열등감은 건강하게 극복될 수도 있고 비뚤어진 모습으로 나타날 수도 있다. 이때 부모 자신이 건강하게 열등감을 극복해 온 사람이라면 자식의 능력을 좀 더 객관적으로 판단하는 안목을 가질 수 있을 것이다.

문제는 그렇지 못한 경우이다. 이때 부모 자신이 열등감을 느끼고 있는 어떤 부분을 자식도 그대로 닮았다고 생각하면 부모는 그런 상황을 견뎌내지 못한다. 그리고 자식과 자신의 모습을 혼동하며 자신이 극복하지 못한 부분을 자기 자식만은 극복해주기를 간절히 바라게 된다. 우리가 흔히 쓰는 말에 '한' 이란 것이 있는데 이때의 심리상태 역시 다른 말로 하면 '한' 이 되는 것이다.

'내가 공부를 잘 못해서 당한 수모를 너는 겪지 마라.'든가 '너만은 나처럼 가난에 찌들지 말고 호강하며 살아야 한다.'든가 하는 것도 다 부모가 극복하지 못한 열등감을 자식을 통해 해결하려는 심리 상태의 하나이다.

소유의 개념과는 또 다르게 이때 부모는 자기 자신과 자식을 동일시하는 위험에 빠지기 쉽다. 아이를 죽어도 명문대에 넣어야겠다며 온갖 뒷바라지를 하는 것도 그 아이를 위해서라기보다 무의식적으로 자신이 이루지 못한 '한'을 자식을 통해 풀려는 경우가 그런 예에 해당한다.

자신이 못받은 스포트라이트를 딸을 통해 받으려는 어머니

40대 주부가 매사에 신경이 곤두서고 기분이 우울하며 자신감도 없어지고 쓸데없는 생각만 하게 된다며 병원을 찾아왔다. 1남 3녀 중 둘째인 그녀는 어릴 때 공부도 잘하고 선생님들의 귀여움을 독차지하며 자랐다고 했다. 그러나 보수적이고 엄격한 부모님은 칭찬에 인색했으며 그녀가 뛰어난 성적을 보이는 것도 그다지 달가워하지 않았다. 오히려 남동생이 공부를 못하는 것이 드센 누나 탓이라고 여겼다.

그녀는 어릴 때부터 노래를 잘했는데 중학생 시절부터 음대 성악과에 진학하려는 목표를 정해 놓고 있었다. 선생님들도 그녀에게 음대 진학을 권유했다. 그러나 부모는 남동생의 과외비를 대야 한다며 그녀의 교습비를 거절했다. 그때부터 아무 의욕도 없어져 학교 성적은 계속 떨어지고 대학에 진학할 때는 자신이 원하지 않는 학교를 그나마 간신히 들어가게 되었다.

대학 4년 동안 그녀는 고교 때 친구들, 특히 원하는대로 음대에 진학해 활발히

활동하는 친구들과는 아예 담을 쌓고 우울하게 지냈다. 그러다가 한 남자를 알게 되어 대학을 졸업하자마자 결혼했다. 자기의 앞날을 열어 주지 못한 부모에게서 빨리 도망가고 싶었으며 남자의 집안이 유복한 것도 그녀의 마음을 끌었던 것이다.

결혼하면서 그녀는 만약에 자기가 딸을 낳으면 반드시 자신이 못다 한 성악 공부를 시키겠노라고 다짐했다. 소원대로 그녀는 딸 둘을 얻었다.

"그때가 내 인생에서 가장 기뻤던 순간이었답니다." 하고 그녀는 말했다.

큰 애에게는 성악을, 둘째는 피아노를 가르쳤다. 유치원 때부터 유명한 선생들에게 교습을 받게 할 정도로 열성을 보였다. 너무 지나친 게 아니냐는 남편의 핀잔에도 아랑곳하지 않았다. 오로지 아이들이 좀 더 빨리 자라주지 않는 게 고통스러울 뿐이었다. 음악 하는 친구들에게 성공한 자기 딸들의 모습을 보이고 싶은 조급증 때문이었다.

그런데 사춘기에 접어든 큰딸에게 변성기가 찾아오면서 선생들은 은근히 큰 아이가 노래에 소질이 없다는 말을 비추기 시작했다. 자기를 닮은 딸이 노래에 소질이 없다는 건 말도 안 된다고 생각한 그녀는 더 유명한 선생을 찾아 나서곤 했다.

유명한 선생일수록 시간을 얻기가 어려워 새벽에 딸을 데리고 교습을 받으러 간 적도 있었다. 겁이 많아 운전을 못 배우고 있던 그녀가 운전을 배운 것도 그때였다. 그렇게 열성을 보였지만 결국 큰딸은 목표했던 예술고등학교에 들어가지 못했다. 그러자 그녀는 많은 기부금을 내고 끝내 딸애를 그 학교에 집어넣었다. 남편과 딸애가 반대했지만 그녀의 고집을 꺾을 수는 없었다.

"네가 성악가로 성공하면 넌 여자로서 이름도 얻고 돈도 얼마든지 벌 수 있어!

대체 지금까지 너한테 쏟아 부은 돈이 얼마인 줄 알아?" 하며 딸을 몰아세웠다. 하지만, 큰 딸의 실력은 조금도 나아지지 않았다. 학교에서도 '뒷구멍으로 들어온 아이' 라며 손가락질했다. 견디지 못한 딸은 학교에 가지 않겠다고 고집을 피웠고 간신히 어르고 달래 데려다 주면 몰래 도망 나오기 일쑤였다. 보다 못한 남편이 다른 학교로 전학을 보내자고 했지만 물론 그녀는 말을 듣지 않았다.

그러다가 끝내는 딸이 행방불명되는 일이 벌어졌다. '다시는 날 괴롭히지 마세요. 난 내가 하고 싶은 대로 하며 살고 싶어요.' 라는 편지를 남기고 가출을 한 것이다. 남편은 "그렇게 애를 잡더니 결과가 이거냐? 당장 애를 찾아오라." 라고 호통을 치며 그녀를 마구 몰아세우기만 했다. 환자는 면담 중간 중간 울곤 했다. "내가 저 위해서 그런 거지, 나 위해서 그런 건가요? 시시한 대학 나와 시집가서 남편 뒷바라지나 하고 살면 얼마나 억울해요? 무대에서 스포트라이트 받으며 프리마돈나가 된다는 게 얼마나 황홀한 일인지 철없는 애가 몰라서 그런 거예요. 안 그런가요?" 하며 그녀는 의사의 동의를 구했다.

엄마에게

제 3 장

교육에 대한
부모 역할 깨뜨리기

어머니로서
건강한
자아상 갖기

언제가 티베트를 방문하고 온 한 스님에게서 "세상에 악한 자가 많고 죄지은 자가 많아도 여전히 이 세상이 유지되는 것은 한편 착하고 올바르게 살려고 애쓰는 사람들의 기가 이 세계를 지탱해 주기 때문이다."라는 요지의 말씀을 들은 일이 있다. 불교에 대해서는 피상적인 지식밖에 없지만 그 스님의 말씀에는 크게 공감했다. 스님이 말한 착하고 올바르게 살려는 사람들의 '기'란 곧 건강한 자아상의 다른 표현이 아닐까 하는 생각도 들었다.

고3 어머니병도 이런 건강한 자아상과 깊은 관계가 있다. 우리는 지금까지 고3 어머니병이란 무엇이며 그 증상과 원인에는 어떤 것들이 있는지를 살펴보았다. 우리 어머니들이 일생에 가장 큰 화두의 하나인 '자식 대학 보내기'로 인해 겪는 갈등과 고통이 어머니 혼자만의 문제가 아니라 이 사회가 지닌 구조적인 모순의 한 결과라는 것도 알았다. 학벌로 그 사람의 인격을 평가하는 사회 구조 속에서 현실적으로 자녀 교육을 떠맡고 있는 어머니들은 자신의 모든 것을 아이의 공부와 바꿀 수밖에 없다.

나를 포함한 우리 어머니들은 이미 아이를 초등학교에 입학시킬 때부터 주눅이 들기 시작한다. 자기는 꽤 분명한 가치관의 소유자라고 자부하고 있던 사람들도 일단 아이들 학교에 보내 놓은 다음에는 주변에서 들려오는 온갖 이야기에 무심할 수가 없다. 그게 때로는 말도 안 되는 소리라는 걸 머리로는 받아들이면서도 막상 자식의 일이 되고 보니 늘 가슴으로 먼저 생각하게 되는 것이다.

그러던 아이가 초등학교를 졸업하고 중학생이 되면서부터는 어느새 대학 보낼 일에 머리를 싸매기 시작한다. 그렇게 해서 고3이 되면 사태는 좀 더 나빠진다. 어머니는 자기가 과연 아이 뒷바라지를 제대로 하고 있는지 정보를 수소문하러 다니게 되고 아무래도 자기는 제대로 된 수험생 어머니 역할을 못하는 것 같아 하루하루가 불안하고 찜찜하다.

사람의 마음이란 게 어둡고 불안한 생각들만으로 채워 놓으면 모든 생각이 그쪽으로 기울게 되어 있다. 이 세상에 대해 비관적이고 자기 파괴적인 성향이 강한 사람들에게서 흔히 나타나는 증상이기도 하다.

두 사람이 복권에 관한 이야기를 나누고 있었다. 한 사람이 먼저 "만약 복권에 당첨되어 그 많은 돈을 한꺼번에 손에 쥘 수 있다면 얼마나 황홀할까?" 하고 말했다.

그러자 그 이야기를 듣고 있던 사람이 대답했다.

"난 싫어. 만에 하나 그렇게 되면 더는 내 인생에 대해 하느님한테 불평할 수 없잖아."

그의 말은 인생의 목표가 부정적으로 세팅된 전형적인 사례이다.

만일 그런 타입의 사람이 고3 어머니라면 어떻게 되겠는가. 죽을 힘을 다해 아이 뒷바라지를 하면서도 마음속으로는 부정적인 생각을 버리지 못할 것이다. 그렇기 때문에 우리는 행복하고 긍정적인 소망으로 삶을 프로그래밍 해야 한다. 앞에서 스님은 세상의 악이 착한 사람의 기로 상쇄된다고 말했다. 그렇듯이 우리 어머니들 스스로 건강한 자아상을 프로그래밍 해 놓으면 최소한 고3 어머니병이 진짜 병으로 깊어지는 일은 없지 않을까.

물론 우리 어머니들의 그런 노력이 거대한 사회적 모순 앞에서 계란으로 바위를 치는 정도로 비칠 수도 있을 것이다. 하지만 계속해서 노력하다 보면 언젠가는 사회적 모순도 해결될 날이 오지 않겠는가. 따라서 우리 어머니들은 건강한 자아상을 확립하고 여성으로서 한계 개념에 도전하는 등 의식의 변화를 추구하는 노력을 꾸준히 할 필요가 있다. 그러기 위해서는 주변의 가족들, 특히 배우자의 역할이 매우 중요하다. 따라서 이 장에서는 부부 갈등과 그 극복 방법을 다루려고 한다.

1. 부모 역할의 고정관념에서 벗어나기

세계 어디에서도 혼자 살아갈 수 있는 아이로 키우기

언젠가 미국에 갔을 때의 일이다. 여러 나라에서 온 정신과 의사들과 만날 기회가 있었다. 중국에서 온 정신과 의사가 내게 어느 대학을 졸업했느냐고 물어 왔다. 나름대로 내가 졸업한 학교에 자부심도 느끼고 있던 터라 나는 그의 질문에 어느 대학 출신이라고 씩씩하게 대답을 해주었다. 그러나 곧 그는 전에 자기가 만난 어떤 한국인 의사를 아느냐는 것을 물어보기 위해 그런 질문을 한 것임이 밝혀졌다.

그를 빼고는 다른 어느 누구도 내게 어느 대학 출신인지 두 번 다시 묻지 않았다. 그들은 다만 정신과 의사로서 내가 어느 분야에 관심이 있느지 그리고 그 분야에 대해 어떤 작업을 해왔는지 하는 것만을 알고 싶어 했다. 그때 내가 깨달은 것은 '세계화 시대에 내가 지니고 있는 능력, 내가 지금 이 시점에서 무엇을 할 수 있으며 앞으로 어떤 것을 쟁취할 수 있는지 하는 것만이 중요하다.' 라는 사실이었다.

그 뒤부터 난 아이들에게 항상 이 세상 어디에 널 떨어트려도 혼자서 살아갈 수 있도록 힘을 키우는 그런 공부를 해야 한다고 강조하고는 한다. 지금처럼 지구촌이 하나의 생활권으로 묶여 있는 시대에 오로지 대학에 가기 위해 하는 공부는 아무 의미도 없는 죽은 공부에 불과하다고 생각하기 때문이다. 진정한 학문은 삶이라는 끝없는 의문 덩어리를 짊어지고 가는 동안 그 무게에 짓눌리지 않으려는 방법을 배워나가는 것일 뿐이다.

대학 입시란 청소년들이 정상적으로 겪는 발달 단계의 하나에 지나지 않는다. 그런데도 우리는 그게 마치 한 사람의 전 인생을 결정짓는 중대사인 것처럼 과대평가함으로써 문제를 일으키고 있는 것이다. 학업은 청소년이 이루어야 할 일의 한 부분에 불과하다. 그 시기에 이루어야 하는 성취 전부가 아니다.

청소년들이 그 시기에 배워야 할 과제는 너무나 많다. 그 과제를 슬기롭게 성취할 수 있을 때 한 인간으로서 이 세상에 든든한 뿌리를 내리고 인격적인 성숙도 이루어 가는 것이다. 그것이 곧 전인적인 교육이기도 하다. 일류대학에 들어간 병든 닭 같은 아이를 원하는가, 아니면 겉모습은 어찌 됐든 사막 한가운데서도 살아 돌아오는 지혜를 가진 아이를 원하는가? 만일 이런 질문을 받는다면 누구나 후자를 원할 것이다.

우리의 삶에서 가장 중요한 것은 건강한 자의식을 갖는 일이다. 내 아이에게 건강한 자의식을 불어넣는 엄마가 되려면 먼저 지금까지 부모 역할에 관해 지니고 있던 고정관념을 깨뜨릴 필요가 있다. 그렇게만 한다면 막막하게만 느껴지던 앞길에도 한줄기 환한 빛이 찾아들 것이다.

2. 여성으로서의 한계 개념에서 벗어나기

'단지 여자라는 이유만으로' 도 당당하기

'영원히 여성적인 것만이 우리를 구원한다.' 라고 괴테가 〈파우스트〉에서 언급한 뒤로 이미 수없이 많은 시간이 흘러갔다. 그러나 여성은 여전히 문학작품 속에서나 구원의 존재로 남아 있다고 말하면 지나친 생각일까? 유감스럽지만 현실은 아직도 그렇다.

미국의 힐러리 국무장관은 너무 똑똑해서 미국인들에게 인기가 별로 없다고 한다. 언젠가 그녀가 가십에 오르내리는 것을 본 한 친구는 같은 여자이면서 "미국이라고 별 수 있나. 역시 여자는 바버라 부시처럼 가정적이고 수수한 타입이어야 해."라고 말했다.

그때 나는 아주 잠깐이었지만 머릿속이 몹시 복잡해졌다. 나 자신이 직업을 가지고 남자들과 경쟁해야 하는 상황이었기 때문일까? 여자의 '적' 은 남자가 아니라 여자라는 말도 있지만 내 주변을 봐도 여자가 같은 여자에게 더 잔인한 경우를 본다. 그래도 남자들에 의해 여성이 비하되는 것에 비하면 덜하지만 말이다.

어쩌다 점심시간에 약속이 있어서 강남의 음식점 같은 곳에 가보면 낮손님은 대부분이 여자들이다. 그래서 음식점마다 여자들을 겨냥해서 '점심 세트 메뉴' 를 개발하고 있는데 가격도 비싸지 않고 맛도 괜찮아

인기인 모양이다. 그런데 그런 곳에서 모이는 여자들을 보고 꼭 한 마디씩 거드는 남자들이 있다.

"여편네들이 집에서 살림이나 할 것이지. 저렇게 몰려다니며 남편들이 뼈 빠지게 벌어다 주는 돈이나 쓰고 다니니, 원."

그럴 때마다 난 마치 내가 모욕을 당한 것 같아서 그대로 넘기지 못하고 한마디 한다. "밤에 나와 봐라. 다 남자들 차지더라. 가사노동이 얼마나 힘든 건데 여자들도 자신을 위해 친구도 만나고 옷도 사 입고 외식도 할 수 있지 않느냐. 여기 점심값이 얼마나 한다고 여자들은 그 정도 돈 쓸 권리도 없느냐…."

남자들은 이런 내 얘기를 들으면서 아마 속으로 '직업 가진 여자들은 이래서 피곤해.'라고 생각했을 것이다. 표정이 그랬으니까. 그런데 똑같은 비난을 여자들이 할 때도 있다. 자기들도 외식하러 나왔지만 자기들은 어쩌다 나온 것이니 괜찮고 다른 여자들은 매일 그런다고 오히려 다른 여자들을 욕하는 것이다.

"점심때 밖에 나오면 정신이 하나도 없어. 웬 여자들이 그렇게 많니? 그렇게 돌아다니며 살림은 언제 해? 말들은 왜 그렇게 많은지."

이럴 때도 난 참지 못하고 꼭 한마디 해준다.

"여자들도 그럴 권리가 있어. 그리고 남자들 수다 못 봐서 그렇지, 할 얘기 못 할 얘기 다하는 남자들이 얼마나 많은데."

그러다가 문득 내가 온 세상의 여성을 대표하는 사람이라도 된 듯 사소한 일에 흥분하고 있다는 사실에 혼자 피식 웃고 만다. 그러면서 나의

엄마에게

그런 태도 역시 여자라는 피해의식에서 벗어나지 못한 탓이 아닐까 하는 생각도 한다.

나의 이런 피해의식은 아마도 대학에 들어간 다음 한 남학생에게 들은 말 때문에 시작되지 않았나 싶다. 그 남학생은 나에게 대놓고 이렇게 말했다.

"너 때문에 아까운 남학생 하나가 시험에 떨어졌겠구나. 남자 신세 망쳐가며 여자가 왜 의과대학에 들어왔냐? 여자는 시집이나 가면 되지만 남자는 먹고살아야 되잖아."

그 말을 듣는 순간 나는 경악했다. 어쩌면 피해의식을 안 가지는 게 더 이상한 일인지도 모르겠다. 물론 60억이 넘는 세상 사람들은 모두 다 각자의 눈으로 세상을 본다. 결국 하나이면서 60억 개의 세계가 존재하므로 이런 생각을 하는 사람 저런 생각을 하는 사람이 있게 마련이다. 하지만, 난 지금도 '여성문제'만 나오면 나도 모르게 흥분하고 목소리가 높아지곤 한다. 적어도 영화 제목처럼 '단지 여자라는 이유만으로' 여성이 여성을 단죄하는 일은 없어야 한다는 것이 내 생각이다.

언젠가 여성 정치가가 어려움을 토로하며 이런 의미심장한 말을 했다.

"여성 유권자들을 상대하려면 절대로 옷을 잘 입어서는 안 된다. 그저 수수하게 차려 입어야 그나마 쳐다본다. 그리고 여자가 성공하면 그 자리에서 끌어내리려고 애쓰는 사람들이 있는데 그들이 바로 나와 같은 여자라는 데 문제가 있다."

말로는 남녀평등을 외치지만 여전히 우리 사회는 남성 위주의 질서로 가득 차 있다. 이건 우리만의 문제도 아니다. 언젠가 미국에 갔을 때 참 정열적으로 일하는 능력 있는 중국계 미국인 여성을 만난 일이 있다. 한 지역의 사회사업을 책임지고 있으면서 대단한 능력을 발휘하고 있었다. 그런데 그녀가 돌아간 뒤에 한 의사가 이렇게 말했다.

"능력은 있는데 성격이 너무 독선적이다. 만약 남자라면 문제가 안 되겠지만 여자라서 문제다. 아래 직원들이 불평이 참 심하다."

미국 사회도 남녀문제에는 한 색깔이었던 것이다.

어느 사회이건 지배자에게 동조하는 세력은 존재하는 법이다. 하지만 때때로 남성의 사고에 너무 휘둘리는 여성들을 만날 때마다 답답한 감정을 느낀다. 같은 여성이면서 여성을 남성의 눈으로 판단하고 마치 그것이 남성에게 사랑받는 지름길이라고 여기는 듯한 태도는 버려야 하지 않을까.

우리 여성들은 '단지 여자라는 이유만으로'도 당당하고 자랑스러움을 느낄 필요가 있다. 그래서 다른 여성들도 존중할 수 있을 때 여자로서 어머니로서 겪게 되는 고통을 조금이나마 줄이는 사회 분위기가 조성되지 않겠는가.

여성들의 자기 비하는 결국 어머니들이 지금까지 행해온 자녀 교육의 소산이라는 말이 있다. 내가 얼핏 자녀 양육과 아무 상관도 없는 것처럼 보이는 여성 문제에 깊이 몰두하는 것도 그 때문이다. 어머니로서 자녀교육에 대해 열린 마음과 태도를 보인다는 건 대단히 중요한 일이다. 그런데 그런 어머니 자신이 '여자니까 안 돼!'라는 식의 열등감을 스스로 마음속에 품고 있으면 자식을 키울 때도 소신을 지닐 수가 없다. 그런 태도는 아이들에게도 고스란히 이어져 생각보다 나쁜 결과를 가져올 수 있다. 따라서 어머니들이 자녀교육에 대해 열린 태도를 보일 때 우리 아이들의 미래는 좀 더 분명하고 밝아질 것이다.

아이중독증 검사하기

인간은 누구나 뭔가에 의존하려는 강한 성향을 지니고 있다. 그 대상은 수없이 많다. 알코올이나 약물 같은 물질적 대상일 수도 있고 도박이나 종교가 될 수도 있다. 고도의 경쟁사회인 현대에서는 일에 병적으로 집착함으로써 의존 성향을 해결하는 사람들도 많다.

어떤 의미에서 일중독이란 현대사회가 만들어 낸 사회적 성인병의 하나라고도 볼 수 있다. 일중독 환자들은 대부분 가족과도 괴리감을 느끼며 혼자서 일에만 매달려 살아간다. 일의 성취를 제외한 다른 인간관계에서는 아무런 기쁨도 느끼지 못한다. 일에 중독된 남편과 사는 아내들은 당연히 외로울 수밖에 없다. 사업가 남편과 사는 어느 부인은 "남편을 일에 빼앗기는 건 남편을 다른 여자에게 빼앗기는 것과 마찬가지로 큰 상처"라며 심경을 털어놓기도 했다.

일에 중독된 남편에게 사랑을 못 받는 아내들은 마치 부모의 사랑을 못 받고 자라는 아이처럼 외로움을 호소하게 된다. 사람은 의존 본능이 충족되지 않으면 살아가기 어렵다. 일중독에 빠진 남편에게 소외당하는 많은 아내들은 남편 대신 자신이 의존하고 열중할 수 있는 대상을 찾게되는 데 이때 가장 가까이에 있는 자녀가 바로 그 대상이 된다.
이때 어머니들은 그들의 남편이 일에 중독되어 간 것처럼 서서히 아이에게 중독되어 가며 다음과 같은 증상을 나타낸다.

아이중독증 검사리스트

1. 아무리 몸이 아프고 피곤해도 아이 문제라면 벌떡 일어난다.
2. 모든 시간을 아이에게 투자한다.
3. 아이가 매일매일 해야 할 공부를 리스트로 만들어 놓는다.
4. 쉬는 시간을 못 견뎌 아이 방이라도 정리해야 마음이 편하다.
5. 다른 집 아이나 그 부모와 경쟁을 벌인다.
6. 아이를 위해서는 부부 생활도 포기한다.
7. 언제 어디서든 아이가 부르면 달려갈 태세가 되어 있다.
8. 아이를 돌보느라 자기를 위해 시간이나 돈을 투자할 수 없다.
9. 잠잘 때나 식사할 때나 오직 아이 생각만 한다.
10. 아이를 위해 희생하는 것을 진심으로 즐긴다.

이 중에서 8개 이상의 항목에 '예'라고 대답했다면 일중독증과 마찬가지로 아이중독증에 걸렸다고 봐도 된다. 아버지들의 일중독증도 적지않은 문제지만 어머니들에게서 나타나는 아이중독증도 그만큼 심각한문제다. 그 이유는 다음과 같다.

엄마에게

첫째, 아이 자신의 성취와 어머니의 성취가 뒤섞여 아이는 자기 주체성 확립에 혼란을 느끼게 된다.

둘째, 이런 어머니는 일중독증 환자와 마찬가지로 감정의 기복이 몹시 심하다. 쉽게 화를 냈다가 또 금방 기분이 좋아지는가 하면, 다시 우울해 하며 고립감이나 소외감을 견디지 못한다. 왜냐하면 아이들은 절대로 어머니의 의존 욕구를 만족하게 할 수 없기 때문이다. 이때 어머니의 감정 굴곡을 민감하게 그대로 받아들이는 아이들은 또 아이들대로 불안 초조해한다.

셋째, 안 그래도 소원한 남편과의 관계가 점점 더 멀어질 수 있다. 이 문제는 다음에 좀 더 자세히 언급하겠지만 부부 갈등을 의도적으로 회피하는 유형의 부인은 아이에게 더욱 의존적이 될 수밖에 없다.

넷째, 자신의 건강을 돌보지 않다 보니 수면 리듬도 불규칙해지고 건강도 나빠지는 경우가 많다. 특히 이때는 갱년기 장애로 골다공증이나 뼈의 골절도 잘 오는 시기이므로 영양섭취나 운동에 더 신경을 써야 하는데 그렇지 못하기 때문에 사태를 악화시키는 것이다.

다섯째, 아이들에게 지나치게 의존적이 되는 만큼 아이들에게 원하는 것도 많아지는데 아이들은 이것을 잔소리나 간섭으로 받아들여 마음속으로 어머니에 대한 반항과 분노의 감정을 키워가게 된다. 이것은 아이가 성장한 후 이성 관계에도 심각한 영향을 미칠 수 있다.

에리히 프롬은 "약속된 땅(땅은 어머니를 상징)은 젖과 꿀로 가득 차 있다고 성서는 기록하고 있다. 젖은 사랑의 첫 번째 측면이며 배려와 긍정을 상징한다. 꿀은 인생의 단맛, 생에 대한 사랑이나 행복을 상징한다. 대부분 어머니들이 젖을 줄 수는 있지만 꿀을 줄 수 있는 어머니는 드물다."라고 했다.

아이중독증인 어머니들은 어떤 의미에서든 자기 아이에게 인생의 단맛, 생에 대한 사랑을 심어주기 어렵다. 그들 자신이 인생의 감미로움을 느끼기에는 눈앞의 목표에 너무 짓눌려 있기 때문이다. 따라서 아이도 자기 자신도 각기 자유로운 인격을 가진 객체라는 사실을 인정한다면 그 억압에서 조금은 쉽게 풀려날 수 있을 것이다. 자녀교육은 어머니에게 체력 안배와 강한 정신력을 요구하는 마라톤과 비슷하다. 그 사실을 이해한다면 좀 더 마음에 여유를 찾을 수 있지 않을까.

3. 갱년기 극복은 곧 고3 어머니병의 극복

갱년기에 일어나는 여러 가지 문제와 갈등

인생의 각 단계에서 반드시 거쳐 나가야 할 과제가 있는 것처럼 가족의 발달 단계에서도 각기 거쳐야 할 사건들이 일어난다. 예를 들어 자녀의 탄생, 입학, 결혼, 부모의 질병과 죽음 등 인생의 모든 문제가 가정 안에서 일어나며 건강한 가족은 그 어려움을 어떻게 해결해 나가느냐에 따라 결정된다. 아이가 청소년기가 되면 부모는 대개 40대에서 50대 사이가 된다. 이는 아이들이 청소년기의 여러 문제를 안고 있을 때 그 부모들 역시 갱년기의 여러 문제를 해결해야 할 시기에 놓인다는 것을 의미한다.

이 시기에 아버지는 사회나 직장의 적응 문제로 힘들다. 상사는 쉽게 물러날 기미가 안 보이는데 밑에서는 똑똑한 후배들이 치고 올라온다. 살아남기 위해서는 필사적인 노력을 기울여야 하는데 가족들은 그런 마음을 몰라주고 자신을 돈 벌어 오는 기계쯤으로 여기는 것 같다. 몸도 예전 같지 않다. 한 잔 술도 이기기 어렵고 40대에 많다는 돌연사도 두렵다. 실제로 어제까지 건강하던 친구가 갑자기 쓰러져 식물인간이 되었다는 소식은 그를 우울하게 한다.

집에 들어가면 부모 알기를 우습게 여기는 아들과 딸이 있다. 아내는 젊은 시절 자기에게 무관심했던 죄로 이제는 남편을 우습게 알고 오히려 귀찮아한다. 자기만 빼놓고 다른 가족들 모두 한통속인 것 같아 어디 한구석 마음 붙일 데가 없다….

나이 오십이 된 어느 가장의 다음과 같은 이야기는 그런 상황을 좀 더 극명하게 보여 준다.

그는 지금까지 오로지 가족들을 위해 자기의 오십 평생을 다 바쳤다고 믿어 왔다. 젊은 시절 잠깐 사업을 하다가 실패한 후 지금까지 경영해 오고 있는 농장과 가족이 그의 삶의 전부이다. 그런데 요즘 들어 부쩍 가족들에게 소외당하는 것 같아 외롭기만 하다.

외국 유학 중인 큰아들은 잠시 다니러 와도 아버지는 본체만체하고 친구들만 만나다가 다시 훌쩍 가버린다. 둘째인 고 3짜리 아들 녀석은 새벽에 나가 한밤중에나 들어오니 얼굴 본지도 오래다. 어쩌다 마주쳐 주말에 외식이라도 하자고 하면 "지금이 어느 때인데 내가 외식을 할 수 있어요?" 하며 뭘 몰라도 한참 모른다는 반응이 고작이다.

아내는 오로지 그 아들밖에 모른다. 그래도 예전엔 큰소리를 치면 무서워하는 척이라도 하더니 이제는 아예 눈 하나 깜박하지 않는다. 한 번은 못 참고 아내에게 화를 냈다가 오히려 "젊었을 때 그처럼 가족들에게 못되게 굴었으니 당연한 거 아니냐." 라는 냉대만 받았다. 대체 뭘 그렇게 잘못했느냐고 따져 물었더니, 독선적이고 군림하려고만 했지 언제 가족들 마음을 이해해 준 일이 있느냐는 것이었다.

여자 나이 4~50이 되면 상황은 더욱 나쁘다. 여자는 이미 30대 후반부터 갱년기가 시작된다. 아직 그것을 생의 일부분으로 받아들일 준비가 안 되어있는 상황에서 찾아오는 이 불청객은 대부분의 여성을 불안 초조 상태에 빠뜨린다. 어느새 여자로서 매력을 상실하는 것 같아 초조하고 친구들을 만나도 자기만 더 나이 들어 보여서 불안하다. 지나가는 젊은 여성들의 싱싱한 아름다움 앞에서 공연히 주눅 들고 질투가 나기도 한다. 게다가 남편은 회사일로 매일 야근이다 접대다 하며 항상 바쁘다. 남편에게 예쁘게 보이려고 가끔 단장을 해보지만 새벽에 술에 취해서 들어오는 남편에게 어차피 보여줄 기회도 없다. 성생활의 횟수는 점점 줄어들고 매번 피곤하다고 돌아눕는 남편이 왠지 의심스럽기도 하다. TV를 켜면 드라마가 죄다 남녀의 불륜 일색이다. 자기는 남편을 믿고 싶지만 의혹은 뭉게뭉게 피어올라 머릿속을 어지럽힌다.

책임과 의무만 있고 권리는 없는 가정생활에서 도망가고 싶지만, 막상 갈 데가 없다. 누구는 애인이 있다는 소문이 무성하지만 자신은 그런 모험을 할 용기도 없다. 집안일을 해도 아이들 공부를 봐줘도 친구들을 만나고 돌아와도 마음 한 구석은 언제나 허전하게 비어 있고 쓸쓸하다.

한 보고서를 보면 남편들은 약 3분의 1이, 주부들은 약 3분의 2가 가정생활에 만족을 느끼지 못하는 것으로 나와 있다. 여자들이 더 불만을 느끼는 건 어쩌면 당연한 결과다. 남자들보다 수동적으로 인내를 강요당하며 살아갈 수밖에 없기 때문이다. 그렇게 지내오던 어느 날 문득 자기 정체성을 돌아보는 순간 발견하는 건 허무뿐이다. 그런 사실을 깨닫는 것보다 더 무섭고 잔혹한 일은 없다.

엄마에게

언젠가 한 음식점에서 점심을 먹을 때였다. 옆 좌석에 50대로 보이는 여성들이 자리를 잡고 있었다. 그 중 한 사람이 "아무개가 요즘 심각한 우울증에 걸려 아무도 만나지 않고 전화를 걸어도 피한다."라는 이야기를 했다. 그러자 다른 여성이 "나도 얼마 전에 그랬어." 하고 대답했다. 그 말이 떨어지기가 무섭게 여러 명이 동시에 "나도 우울해. 사는 게 하나도 재미가 없어" "나만 그럴 줄 알았더니 다들 그렇구나." "왜 그렇게 하루하루가 힘들고 재미없을까?" "난 통 잠을 자지 못해 미치겠어." 등등의 이야기를 쏟아냈다.

옷차림을 보니 경제적으로는 여유가 있어 보이는 그들의 이야기를 들으며 난 '참 우울증이 많기도 하구나!' 하는 생각에서부터 '그러니 마음의 고통이 얼마나 클까? 대체 무엇이 저들의 삶을 이렇게 힘들게 하는 걸까?' 등 여러 가지 생각을 했다. 게다가 어딜 가도 직업적인 속성을 버리지 못하고 이렇게 분석을 하는 나 자신에 이르기까지 생각의 가닥이 참 많고도 복잡했다.

여자 나이 4~50이 되면 남편은 사회적으로 정신없이 바쁜 경우가 대부분이다. 자기는 언제까지나 누구 아내, 누구 엄마로 그림자 같은 위치에 머물러 있는데 남편은 혼자서 저만큼 앞서 가 있다. 똑 부러지게 이거다 하고 이루어 놓은 일은 아무것도 없는데 몸은 어느새 구석구석 갱년기의 증상이 나타나기 시작한다.

얼굴의 근육이 늘어지고 주름살이 느는 것도 참을 수 없는데 월경마저 불순해져 폐경기가 찾아오는 게 아닌가 싶어 가슴이 철렁할 때도 많다.

게다가 웬 자궁근종은 그리도 많은지 주변에는 자궁적출술을 받은 친구들이 너무나 많다. 자기도 언제 그렇게 될지 몰라 불안하다. 누구는 자궁을 떼어냈더니 너무 시원하다고 하지만 정작 그렇게 되면 여자로서 완전히 끝나는 게 아닌가 하는 생각만 든다.

얼굴과 온몸이 화끈거리고 식은땀이 나고 추운 것도 더운 것도 참기 힘들다. 가슴이 답답해서 숨을 쉬기 힘들 때도 많다. 전신이 안 아픈 데가 없어 병원에 갔더니 '폐경기증후군'에 '골다공증'이란다. 치료하지 않으면 뼈가 골절되기 쉬우니 주의해야 한다고 한다. 들려오는 얘기도 우울한 이야기투성이다. 누구는 자궁암이고 누구는 유방암이고…. 하지만 가족 중 누구 하나 자기 마음을 알아주는 사람은 없다. 남편과는 언제 이야기를 나눴는지 모르겠고 아이들은 각자 바쁘기만 하다….

이처럼 남편과 아내 모두 갱년기 우울증으로 힘들어하는 시기에 자녀의 과외비 부담 역시 경제적, 정신적으로 부담을 준다. 그래도 일 년은 참을 수 있고 또 참아야 한다고 이를 악물어 본다. 결과가 좋으면 그나마 다행이다. 하지만, 그렇지 못하면 안 그래도 위태로운 가족 관계는 곧장 위기에 처한다.

인간관계에서 가장 흔히 일어나는 것이 투사의 심리로 모든 것을 남의 탓으로 돌리는 것을 말한다. 위기가 찾아오면 아내는 모든 문제를 집안일에 무관심한 남편 탓으로 돌리고 남편은 칠칠치 못한 아내 탓이라고 생각하며 서로 갈등하는 것이다. 실제로 근근이 억제해 오던 부부간의 문제가 자녀 문제가 도화선이 되어 폭발하는 예는 흔하다. 따라서 이런 저런 갱년기의 문제를 제대로 극복하는 것이야말로 고3 어머니병을 극복하는 방법의 하나인 것이다.

갱년기도 자연스러운 생의 한 부분이다

갱년기를 슬기롭게 극복하는 일은 말처럼 그리 간단하지 않다. 정신적인 면은 말할 것도 없고 신체적으로 갱년기를 극복하는 것도 여간 힘든 일이 아니다. 그렇다고 내버려둘 수는 없으므로 최선을 다하는 수밖에 없다.

"한평생을 두고 늘 최고의 상태를 유지하도록 마음을 쓰라."라는 말이 있다. 갱년기라고 해서 달라질 건 없다. 갱년기도 생의 일부분임을 인정하고 그 대신 최고의 상태를 유지하려고 마음을 써야 한다.

우선은 무엇보다 신체적으로 갱년기를 극복하는 것이 가장 중요하다. 갱년기에 접어들면 신체의 여러 기능이 급격하게 저하되므로 평소 적당한 운동과 휴식 그리고 고른 영양 섭취는 반드시 필요하다. 여성은 칼슘 섭취도 신경을 써야 하고 골다공증이나 유방암, 그리고 자궁암 검사 등도 정기적으로 받아야 한다. 예전엔 갱년기에 호르몬을 사용하면 유방암이 많이 발생한다고 했지만 요즘은 그 위험성이 그렇게 크지 않은 것으로 보고되고 있다. 정확한 검사를 받아 갱년기 장애로 판정되면 의사의 지시에 따라 호르몬 요법을 병행하는 것도 한 방법이다. 여성의 경우 호르몬 부족으로 질 위축이 올 수도 있으므로 이것도 예방하는 것이 좋다.

다음으로는 정신적 건강을 유지해야 한다. 중년은 인생에서 가장 풍요로울 수 있는 나이이다. 경제적, 사회적으로도 어느 정도 안정을 이룬 시기라 할 수 있다. 물론 젊은 시절의 야망을 이루지 못한 사람도 많겠지만 이 시기가 되면 최소한 산다는 것이 무엇인지는 나름대로 누구나 체득하고 있다. 허겁지겁 살아온 듯한 회의도 없지는 않지만 자신이 이룬 것에 대한 뿌듯한 감회 또한 없을 수 없다.

이런 중년의 시기에 가장 중요한 건 관용과 생산성이다. 건강한 중년이라면 지금까지 자기가 이룬 것을 바탕으로 주변이나 사회에 대해 관용을 베풀 수 있어야 한다. 나아가 지금의 자리에 안주하기보다 꾸준히 생산적으로 발전하려는 욕구가 있어야 한다. 그것이 가능해지려면 먼저 있는 그대로의 자기 모습을 받아들여야 한다.

전신을 비출 수 있는 거울 앞에 서 보자. 아마도 어떤 부분은 마음에 들지만 외면하고 싶은 부분도 많을 것이다. 외모야 그렇다 치고 정신적으로 원망과 분노, 늙어 가는 것에 대한 초조감, 생의 허무 등으로 얼룩진 모습이 그다지 마음에 들지는 않을 것이다. 하지만 곤란한 일일수록 정면으로 부딪쳐야 하듯 중년의 위기를 겪고 있는 자신의 모습도 정면으로 받아들여 보자. 건강한 정신이란 결국 있는 그대로의 자기 자신과 자기가 처한 현실을 받아들이는 데서 비롯된다.

자기 수용은 자기 발전과 변화의 가장 기본적인 시발점이다. 사람들이 많은 위기와 문제를 겪는 것도 그런 자기 수용에 실패하기 때문이다. 그들은 지금의 자기 모습을 받아들이기 어려운 것처럼 더는 자신에게 불가능한 뭔가가 있다는 사실을 받아들이는 데도 두려움을 느낀다. 그러나 40대 여자가 20대의 젊음을 갖는다는 건 처음부터 불가능한 일이다. 대학 입시에 실패한 아이가 어느 날 갑자기 사법고시에 합격할 수 없는 것처럼 말이다.

이미 지나 버린 젊음, 이미 건너 버린 실패의 강이라면 두 번 다시 돌아볼 필요는 없다. 그럴 땐 차라리 거울 앞에 서서 이렇게 말해보자.

"그래, 난 더는 젊지 않고, 내 아이는 재수를 하고 있다. 물론 괴롭지만, 이 모든 건 엄연한 나의 현실이다. 더 이상 거부하거나 회피하지 말고 받아들이자. 대신 지금의 위기를 극복하고 나 자신을 좀 더 발전시키려면 어떻게 해야 할지 그것만 생각하자."

아침 저녁 단 1분씩이라도 거울 앞에 서서 이런 자기 최면을 걸다 보면 어느새 현실적인 두려움을 극복한 자기 자신과 만날 수 있을 것이다.

어느 어머니의 다음과 같은 이야기는 많은 점을 시사해 준다.

"언젠가 10대인 딸아이가 자기 외모에 자신이 없어서 몇 주일 동안을 우울해한 적이 있었어요. 그러자 아빠가 아이한테 매일 아침에 일어나면 거울을 보면서 '난 얼마나 멋진가. 그 어딜 찾아봐도 나만큼 멋진 여자애는 없을 거야.' 하고 말해 보라고 일러 줬어요. 전 좀 바보 같은 짓이라고 생각했죠. 딸 아이 역시 좀 웃기다고 생각하면서도 2주일 동안이나 매일 아빠가 시키는 대로 하는 눈치였어요. 그러던 어느 날 아침에 아이 입에서 갑자기 이런 말이 튀어나왔어요. '엄마, 아무리 봐도 세상에 나처럼 멋진 애는 없는 거 같아. 그치?' 그 바람에 가족들 모두가 한바탕 웃을 수 있었어요. 그때 전 자기 최면이야말로 정말 멋진 일이라는 생각을 했어요."

자기 최면을 통해 자존심을 회복한다는 건 정말 멋진 일이다. 나아가 현실을 두려워하지 않고 있는 그대로 받아들인다면 웬만한 중년의 위기쯤은 무난히 극복할 수 있지 않겠는가.

유방암 말기로 수술도 불가능한 상태에 놓인 한 여성이 있었다. 그녀는 처음 며칠 동안 너무나 절망해서 울기만 했다. 그런데 방사선 치료가 시작되는 첫날 그녀가 의사에게 이렇게 말했다.
"앞으로 방사선 치료기계를 친구처럼 생각하겠어요. 그렇게 하는 것이야말로 내가 처한 현실을 제대로 받아들이는 거란 생각이 들었어요. 이제부터 방사선 기계는 내 친구예요."
어느 한순간 사고의 전환을 이루어 현실을 수용한 그녀는 덕분에 죽는 순간까지 의연할 수 있었다고 한다.

사실 인간에겐 어떤 고통도 해결할 수 있는 능력이 있다. 단지 미리 겁부터 먹고 상상 속에서 먼저 두려움을 느낌으로써(정신과에서는 이것을 예기 불안이라고 한다.) 가짜 현실과 싸워나가느라 자신의 에너지를 낭비하는 것이다. 이제부터라도 우리는 스스로 이렇게 말할 수 있는 용기를 가져보다.

"현실은 어디까지나 현실이다. 만일 내 마음속에 힘든 감정이 있다면 그것 역시 현실이다. 다만, 그것 때문에 두려움에 사로잡히거나 하지는 않겠다."

4. 건강한 부부가 건강한 아이를 만든다

어머니를
더욱 힘들게 하는
남편과의 갈등

자녀교육을 위해 부부가 함께 의논해서 문제를 해결하는 건 대단히 중요한 일이다. 아이가 대학 입시를 앞두고 있으면 지푸라기라도 잡고 싶은 게 어머니 마음이다. 그런 상황에서 도움을 청할 수 있는 상대는 사실 남편밖에 없다. 그런데 자녀 문제로 상담을 받으러 오는 어머니들을 보면 대부분 남편이 아이 문제에 대해 방임형이거나 아니면 부부 사이에 갈등을 겪고 있는 경우가 많다.

방임형 남편은 자기는 밖에서 힘들게 돈 벌어다 주니 애들 교육쯤(입시생 뒷바라지는 가히 전쟁 수준이지만 이런 남편들은 서슴없이 교육 '쯤'이라고 한다)은 집에서 엄마가 알아서 하라는 식으로 나 몰라라 한다. 너무 힘들어 조용히 의논이라도 할라치면 피곤하다며 짜증을 내거나 여자가 집안일 하나 해결 못하냐고 핀잔이나 주기 일쑤다. 하지만 그보다 더 나쁜 상황은 "아니, 그런 놈을 그냥 내버려 둔단 말이야?" 하며 당장 아이를 불러 앉혀놓고 야단을 치는 경우다.

이래저래 남편에겐 입도 벙긋 못하고 혼자서 씨름하려니 잘해야겠다는 의욕마저 사그라질 때도 많다. 평소엔 치맛바람 일으키고 다니지 말라며 오히려 구박하던 남편도 막상 아이 성적이 떨어지면 엄마가 어떻게 했기에 아이가 그 모양이냐고 화부터 낸다.

사실 이런 부부는 아이 문제뿐 아니라 다른 문제에 대해서도 제대로 대화를 나누지 못한다. 한집에서 살기는 하지만 정신적으로는 이미 별거 상태인 셈이다.

자녀 교육에 문제를 안고 있는 부부들은 보통 다음과 같은 유형 가운데 하나에 속한다.

첫째, 배우자가 서로 무시하고 상대방의 생각을 비웃으며 서로 도와주지 않는 경우이다. 이런 부부는 배우자에게서 얻을 수 없는 정서적 유대감을 아이에게 얻으려는 경향이 강하기 때문에 서로 아이를 자기편으로 끌어들이려고 한다.

둘째, 남편에게 성격적인 문제가 있거나 권위적으로 지배하려 드는 경우, 또는 폭력을 쓰거나 알코올 중독인데도 부인이 이런 상황을 수동적으로 받아들이고 따르는 경우이다.

두 가지 경우 모두 부인으로서는 정서적 안정을 찾기가 매우 어렵다. 따라서 아이 교육에도 정상적이고 이성적으로 전념할 수가 없다.

얼마 전까지도 정신과에서는 자녀 교육에 미치는 어머니의 영향이 강조되어 왔다. 그러나 최근에는 어머니가 정신적으로 건강하기 위해서는 남편의 역할도 중요하다는 점이 특별히 강조됐다. 남편을 통해 의존 욕구나 사랑받고자 하는 욕구를 충족시키지 못할 때 아이에게 충분한 사랑을 주지 못하는 건 당연하기 때문이다.

아이를 먹여 주고 입혀 주는 것으로 본분을 다한다고 생각하는 부모가 더러 있다. 마찬가지로 돈만 벌어다 주면 남편과 아버지로서의 의무를 다했다고 생각하는 남자들도 있다. 남편 쪽에서 보면 바람 한 번 안 피우고 돈도 잘 벌어다 주었는데 정말 억울하기 짝이 없는 일이라고 항변할 수도 있다. 하지만 인간은 어디까지나 정서적인 동물이다. 건강한 아버지 옆에 건강한 어머니가 서 있게 마련이며 그런 환경 속에서 건강한 자녀가 자라날 수 있다.

갈등을 일으키는 부부의 유형

적극적인 남편과 수동적인 부인, 혹은 그 반대의 경우

가장 흔한 부부 유형이다. 이때 적극적인 쪽은 수동적인 상대방에게 결혼 생활과 가사를 돌보도록 끊임없이 압력을 가한다. 수동적인 배우자는 이런 상황을 받아들이기는 하지만 속으로는 자신이 억압당하고 있으며 배우자의 지시대로 살아주고 있는 것뿐이라고 생각한다.

이때 적극적인 쪽이 반드시 남편이란 법은 없다. 오히려 아내가 더 적극적인 성격을 지닌 쪽이 될 수도 있다. 이런 부부에게 문제가 되는 것은 의존성이다. 자신의 개인적인 필요를 충족하기 위해 상대방에게 지나치게 의존한다거나 서로가 다른 관점에서 상대방이 자기의 욕구를 채워 주기를 바라는 식이다.

이때 적극적인 배우자는 상대방을 조종하려 하고 밀고 당기면서 자신이 가족 때문에 희생당하고 이용당했다는 생각에 분노한다. 수동적인 쪽에서는 도피하고 위축되는 행동을 보이지만 그 역시 자신이 희생양이라는 생각에 분노를 느끼고 있기는 마찬가지다. 문제가 생기면 이들은 곧장 냉전 상태로 돌입한다.

이들의 특징은 겉보기에는 지극히 평범한 결혼 생활을 하는 것처럼 보인다는 점이다. 차갑지도 뜨겁지도 않은 똑같은 패턴을 반복하며 살아가지만 남들 보기에는 무리가 없다.

40대 주부인 K씨와 그녀의 남편은 이런 패턴에 속하는 전형적인 부부이다. 그녀의 남편은 상당히 저돌적인 성격이라 무슨 일이든 그 자리에서 해결해야 직성이 풀리는 타입이다. 그가 보기에 아내는 매사에 너무 답답하고 뭐 하나 제대로 확실하게 해놓는 일이 없다. 어쩔 수 없이 경조사에서부터 집 안팎의 일을 다 챙기다 보니 화가 치미는 때가 한두 번이 아니다.

하지만, 아내의 처지에서 보면 화가 나는 쪽은 오히려 그녀 자신이었다. 자기가 무슨 일을 하건 남편은 마음에 들어 하는 법이 없었고 그러면서도 남편은 늘 요구하는 게 많았다. 게다가 시댁문제까지 매번 자기 마음대로 혼자서 처리하는 것도 싫다. 다투고 싶지 않다는 생각에 결혼 초부터 일방적으로 양보만 해왔는데 막상 시간이 흐르고 보니 그게 오히려 자신의 약점이 된 거 같아 한심한 생각마저 든다.

성생활 역시 남편 마음대로다. 분위기 같은 것도 없고 그저 남편이 하는 대로 억지로 따르는 수밖에 없다. 그래서 아이들 핑계를 대며 남편이 잠들고 난 뒤에 자리에 눕는 경우도 많다. 남편은 여자가 싸돌아다니면 안 된다며 아내가 친구들을 만나는 것도 못마땅해한다. 싸우는 게 싫어서 남편이 시키는 대로 하고는 있지만, 그녀는 도무지 자기가 왜 사는지 모를 지경이다. 그녀는 결국 매사가 재미없고 우울할 뿐이라며 한탄을 했다.

이런 부부가 문제를 해결하기 위해서는 우선 적극적인 배우자가 수동적인 배우자를 마음껏 칭찬해줄 필요가 있다. 자신감을 회복하는 데는 배우자의 격려가 가장 큰 힘이 되기 때문이다. 수동적인 배우자로서는 상대방에 대한 두려움을 극복하고 솔직하면서도 직접적인 관계를 형성하기 위해 노력해야 한다.

또 상대방을 비난하거나 불평만 해대던 습관을 고쳐 나가며 자신의 모습이 가족들에게 어떻게 보일지 수시로 점검해 나가는 습관을 들이는 것도 중요하다.

주는 역할과 받는 역할이 고정된 부부

배우자 중 한쪽이 문제를 갖고 있고 상대방은 그를 항상 도와주는 태도를 보이는 부부 유형이다. 이럴 때 주는 역할을 맡은 배우자는 마치 부모나 상담자와 같은 역할을 한다. 정서적으로 예민하면서 타인에게 필요한 존재가 되고 싶다는 욕구를 가진 타입인 경우가 많다. 받기만 하는 쪽은 마치 어린아이와 같아서 상처 받기 쉬우며 상대방에게 억압당해 있는 경우가 대부분이다.

30대 직장인 L씨는 회사에서 알게 된 나이 많은 이혼남과 결혼을 했다. 당시에 그녀는 가정형편 때문에 다니던 학교를 그만두고 그 회사에 취직했었는데 매사에 성실하고 얌전해서 모든 사람에게 칭찬을 들었다. 지금의 남편은 그런 그녀를 항상 눈여겨보았다. 당시에 그는 사사건건 대립을 하려고 드는 성격을 지닌 부인과 이혼을 하고 혼자 사는 중이었다.

그는 L씨를 예뻐하며 야간대학에도 다닐 수 있게 주선해 주고 학비도 보태주었다. 당연히 그녀는 그를 큰오빠처럼 따르고 의지했고 그러다 결국 주변의 반대를 무릅쓰고 결혼까지 하게 되었다.

결혼하고 난 후에도 남편은 일일이 아내의 모든 걸 다 챙겨 주었다. 부부 동반 모임이 있을 때는 심지어 옷부터 머리 모양까지 다 정해 주었고 부인이 아프기라도 하면 어린애 다루듯 옆에서 항상 돌봐 주었다. 집을 이사할 때도 남편이 가구까지 다 결정했기 때문에 아내는 그냥 들어가서 살기만 하면 될 정도였다. 그럴 때마다 아내는 자기가 무능한 어린아이처럼 느껴져서 비참한 기분도 들었지만 그렇다고 다른 사람들에게 하소연 하지도 못했다. 그럴 때마다 행복에 겨워서 배부른 소리 하는 거란 핀잔만 들었기 때문이다.

하지만, 실제로 이런 부부들은 마음속으로 서로가 지쳐 있는 경우가 많다. 주는 쪽은 주기만 하는데 지쳐 있고 반대로 받는 쪽은 항상 어린아이 취급을 당하는 게 싫어서 화가 나 있는 경우가 대부분이다. 한편으로는 그런 자신에게 죄책감을 느끼고 우울해지는 때도 있다.

이런 유형의 부부는 서로 주기만 하고 받기만 하는 역할을 조금씩 줄여 나갈 필요가 있다. 그 과정에서 상대방에게 서운함을 느낄 수도 있다. 하지만 이런 과정을 서로가 인격적으로 발전할 수 있는 기회라고 생각하면 꼭 어려운 일만은 아니다.

정신적으로 별거 중인 부부

서로 사랑해서라기보다 외적인 조건에 이끌려 결혼한 부부에게서 많이 나타나는 유형이다. 남 보기엔 화려하고 부러울 것 없는 부부인 경우가 많다. 하지만 속내를 들여다보면 부부가 서로 다른 마음을 품고 살아가는 경우가 대부분이다. 상대방에게는 서로가 아무 관심도 없으며 각자 자신의 취미나 일에만 몰두해 있다. 두 사람을 이어주는 끈은 아이뿐이지만 정작 아이의 교육 문제로 진지하게 대화를 나누거나 하는 일은 거의 없다. 따로따로 살아가기 때문에 늘 고독하다. 그런데도 그 해결 방법 역시 집안보다는 집 밖에서 찾는 게 보통이다.

둘 다 상류층 가정 출신인 30대의 남녀가 부모의 적극적인 권유로 결혼하게 됐다. 당시에 남자는 여자의 미모에 끌렸고 여자는 남자의 조건에 끌렸다. 그런데 결혼한 지 얼마 되지 않아서 두 사람은 여러 면에서 서로 맞지 않는다는 사실을 발견하게 되었다.

남편은 일밖에 몰랐고 아내는 매사에 고집을 부리며 양보하는 법이 없었다. 처음에는 싸움도 해봤지만 얼마 안 가서 그것도 소용없단 사실을 깨닫게 된 이후로는 각자 나름대로 해결 방법을 찾기 시작했다. 아내는 친구들과 어울려서 여행 다니기를 즐기다 결국 전공을 살려 조그만 화랑을 냈고 남편은 여전히 사업에만 몰두하고 있다. 사회적 체면 때문에 이혼은 하지 않았지만, 그 대신 정신적으로 별거하는 쪽을 택한 것이다.

부부가 모두 적극적일 때

가장 바람직한 부부 유형이다. 이런 부부는 서로 대화하고 상대방을 존중하며 도움을 주고 함께 성장해 간다. 각자의 행동에 책임을 지며 의무감 때문이 아니라 진정 서로 사랑하고 위하는 마음으로 좀 더 나은 결혼 생활을 위해 노력한다. 어려운 일이나 불행이 닥쳐도 위축되지 않고 전화위복의 계기로 삼으려고 노력한다. 만약 두 사람 사이에 갈등이 생기면 서로 이해하려고 애쓰고 상대방에게 책임을 전가하지 않는다.

자녀 교육에서도 충분히 의견을 교환하며 가능한 의기투합해서 아이가 올바른 가치관을 지닌 어른으로 성장할 수 있도록 도와주려고 애쓴다. 건강한 부부가 건강한 아이를 만든다는 사실을 충분히 인식하고 적극적으로 부부와 가족의 화합을 위해 노력하는 것이다.

제 4 장

'빛과 그림자' 인
부모 역할 깨닫기

문제아 뒤에
문제 부모가
있다

우리가 살아가면서 생기는 모든 문제는 당사자의 성격이나 인격적인 성숙도에 따라 해결 방법이 얼마든지 달라질 수 있다. 이때 한 가지 분명한 것은 그 해결방법의 차이가 한 사람의 인생을 좌지우지하게 된다는 것이다.

병과 싸워나가는 신체의 면역성이 사람마다 각기 다르듯 스트레스를 해결하는 정신적 면역성 역시 사람마다 다르다. 똑같은 스트레스를 받아도 어떤 사람은 꿋꿋하게 헤쳐나가는가 하면 어떤 사람은 신경증을 앓고 또 어떤 사람은 정신병으로 발전하기도 한다. 그 사람의 환경이나 성격, 체질, 유전적 요인, 인격적인 성숙도, 문제의 심각성 등 다양한 조건이 영향을 미치기 때문이다.

잊을 만하면 한 번씩 신문 사회면을 채우는 기사가 바로 청소년들의 자살에 관한 내용이다. 전교에서 수석을 다투던 고3 학생이 어느 날 갑자기 아파트 옥상에서 뛰어내린다든가, 평소에 공부를 못하던 학생이 어버이날에 죄책감을 이기지 못해 목을 맨다든가 해서 부모는 물론 모든 어른을 충격에 빠뜨린다.

그럴 때마다 사람들은 '왜?'라는 질문을 하고 싶어 한다. 하지만, 그 '왜?'에 대한 일목요연한 대답은 처음부터 준비되어 있지 않다. 우리는 느끼지 못하지만 대부분 사람의 행동을 결정하는 건 무의식의 세계다.

이런 무의식 세계를 점령하고 있는 것은 우리가 살아오면서 받은 크고 작은 상처와 누군가에게 사랑받고 인정받고 싶은 욕구가 대부분이다. 아이들에게 그 일차적 대상은 바로 부모다. 부모와의 갈등이 해결되지 않을 때 문제가 시작되는 것이다. 이 세상 부모치고 자기 자식이 잘되기를 바라지 않는 부모는 아무도 없다. 그런데도 왜 자식들은 부모로 말미암아 상처를 입고 원망하고 심하게는 증오를 하며 살아가는 것일까? "이 세상에 문제아는 없다. 문제 부모가 있을 뿐이다."라는 말도 있지만 정신과 의사로 일하다 보면 뜻밖의 문제를 지닌 부모들이 많다는 것을 절감하게 된다.

이 장을 시작하면서 성공적인 부모 역할에 대해 얘기를 해도 모자라는 형국에 실패하는 부모의 유형에 관해 말하는 것이 과연 타당한 일인지 적지 않은 고민을 했다. 나를 그런 고민에서 건져 준 것은 미국의 시인 롱펠로우의 다음과 같은 말이었다.

"때때로 우리는 한 사람의 덕목보다 실패에서 더 많은 것을 배운다."

물론 부모 역할에 실패하는 유형이 딱 정해져 있는 것은 아니다. 앞에서도 말했듯이 인간의 모든 문제는 다양하고도 복잡한 여러 가지 얼굴을 갖고 있기 때문이다. 그러나 일그러진 초상은 반드시 있기 마련이다. 그 모습에는 어떤 유형이 있으며 또 어떤 결과를 가져오는지 임상 사례와 함께 살펴보기로 하겠다.

1. 부모 역할에 실패하기 쉬운 10가지 타입

악법도 법이라며 자식에게 군림하는 타입

갓난아기에게 부모는 신과 같은 존재다. 사랑과 보호 속에서 먹을 것, 입을 것, 잠잘 곳을 제공해주는 부모라는 전지전능한 존재가 없다면 아기는 한순간도 살아갈 수 없을 만큼 무력하기 때문이다. 따라서 감히 부모의 권위에 도전하는 것은 있을 수 없는 일이다. 하지만 두세 살이 되면서부터 아이는 이미 부모로부터의 독립을 시도한다. 이 나이에 시도하는 대소변 가리기에서부터 아이는 자신의 독립 선언과 부모에 대한 의존 사이에서 갈등을 시작하는 것이다.

첫 번째 시도 이후 아이는 끊임없이 부모에게서 독립하려고 기회를 엿보는데 이런 행동이 절정에 달하는 건 사춘기 무렵이다. 이럴 때 정신적으로 안정되고 합리적인 사고를 하는 부모들은 위기 상황을 잘 극복해 나간다. 자신들이 겪은 사춘기와 비교하며 자식들이 부모의 권위에 도전하는 것을 정상적인 정서 발달의 한 단계로 받아들이기 때문이다.

하지만 자식들의 위에서 계속 군림하려고 하는 부모들은 이런 상황을 받아들이지 못한다. 그들은 자식이 자기만의 주체성을 찾기 위해 시도하는 모든 행위를 부모에 대한 반항으로 받아들인다. 그렇게 해서 무의식적으로 자식들의 건강한 정신 발달을 방해하는 것이다.

그들은 자식이 처음 태어날 때와 마찬가지로 언제까지나 그들에게 의존하기를 바란다. 자식들이 독립하려는 욕구를 보이기만 해도 "감히 부모에게 대들다니!" 혹은 "너를 위해 우리가 얼마나 희생했는데 은혜를 모르다니!" "옳고 그른 게 뭔지 따끔하게 가르쳐주마." 하면서 아예 그 싹을 꺾어버린다. 마치 신처럼 "내가 널 이 세상에 태어나게 했으니 넌 무조건 복종해야 한다. 그러니 감히 거역할 생각은 꿈도 꾸지 마라." 하는 메시지를 아이에게 주입하는 것이다. 그들은 물론 자신들의 태도가 절대적으로 옳다고 확신한다.

하지만 그들이 무의식적으로 숨기고 있는 것은 따로 있다. 사실 그들은 자식들이 독립한 후 자신들이 겪게 될 외로움이 두려운 것이다. 그들은 알고 보면 스스로 의존적인 타입인 경우가 많다. 그래서 누군가에게 의지하지 않고는 견디지 못한다. 그리고 그 상대로 가장 손쉬운 자식을 희생양으로 삼는 것이다. 그런 부모들은 효를 강조하는 우리 문화나 사회적 분위기를 자기합리화의 방패로 사용한다. 악법도 법이듯 그들은 집에서는 부모가 곧 법이라는 것을 끊임없이 아이에게 세뇌시킨다. 그리고 만약 그 법을 어겼을 때 냉혹한 벌로 다스린다. 자식들의 모든 문제를 부모가 좌지우지하며 심지어는 장래 직업이나 결혼 상대자까지 부모가 직접 결정하려고 하는 것이다.

이런 부모 밑에서 성장한 아이들은 자기들이 무력한 존재로 생각한다. 따라서 혼자서는 세상을 살아갈 엄두를 내지 못한다. 독립의 욕구는 생리적인 것이다. 하지만 이런 아이들에겐 부모 말을 거역했다가 집에서

쫓겨날지도 모른다는 두려움도 몹시 크다. 따라서 그런 욕구를 마음속 깊이 억누르고 부모가 하라는 대로 고분고분 따른다. 하지만 무의식 속에서는 언제나 부모와 대립하면서도 한편으로는 그런 자신에게 죄책감을 느끼며 살아가는 것이다.

이런 갈등은 워낙 마음속 깊이 감추어져 있기 때문에 자신도 잘 모를 때가 더 많다. 다만 어떤 계기가 생기면 무서운 힘으로 폭발해 충격적인 행동을 저지르는 원인이 된다. 이따금 매우 착실하고 온순하던 아이가 갑자기 비행청소년이 되어 신문 사회면에 오르내리는 것을 본다. 바로 내면에 숨겨져 있던 갈등이 폭발한 예라고 할 수 있다. 하지만 더욱 슬픈 사실은 따로 있다. 지나치게 군림하는 부모 밑에서 성장하는 아이 중 대부분이 어른이 되도록 자아에 대해 탐구하는 과정을 거쳐 보지도 못한다는 사실이다. 그렇게 평생 '파파보이'나 '마마보이'로 살아가게 되는 것이다.

이런 경우는 수험생을 둔 부모의 유형 가운데 가장 나쁜 경우라고도 할 수 있다. 그들은 아이의 재능이나 능력은 고려하지 않는다. 다만 "넌 내 자식이니 반드시 어느 대학 무슨 과에 진학해서 앞으로 이런 직업을 가져야 한다."라고 못 박아 놓고 아이를 그 길로 몰아붙인다. 경제적으로 능력이 있는 부모라면 어느 과목에는 유명한 선생 누구 하면서 아이들에게 과외를 시킨다. 또한, 하루 일정표를 만들어 놓고 아이가 그 스케줄에서 벗어나는 행동을 보이면 "네가 지금 정신이 있는 거냐?" 하며 다그쳐댄다.

물론 아이에게 그만한 능력이 있어서 잘 따라준다면 그래도 낫지만 그
렇지 못할 때 아이가 느끼는 부담은 부모가 상상도 할 수 없을 정도로
끔찍한 것이다. '차라리 죽어 버릴까?' 하는 유혹을 느끼는 건 기본이
고 '부모가 교통사고를 당해서 내가 시험 볼 때까지만 옆에 없었으면
좋겠다.' 라고까지 생각하는 때도 있다. 절대 과장이 아니다. 군림하는
부모 때문에 중압감에 시달린 나머지 신경증을 앓게 된 학생의 입에서
나온 솔직한 고백이다.

다음은 자식을 위한다는 구실로 어머니가 지나치게 군림 하는 바람에
결국 어른이 되어서도 불행하게 살았던 한 남자의 이야기이다.

어머니가 모든 것을 다 해준 행복한 아들의 불행

환자는 형제 중 장남으로 어릴 때부터 온순하고 말을 잘 듣는 착한 아이였다.
부모가 큰 사업체를 운영했지만, 실질적인 경영은 어머니가 도맡아서 하고 있었
다. 사업 수완이 뛰어난 어머니는 집안에서도 권력을 휘둘렀다. 이 환자의 불행
은 어머니가 장남인 그를 몹시도 아낀다는 데 있었다. 하지만 어머니가 장남만
유독 예뻐했던 건 마음대로 다룰 수 있는 대상이 장남뿐이기 때문이었다. 그녀
의 남편은 조용하고 내성적인 대신 고집이 강했고 둘째 아들은 아버지를 닮아서
성격에 모진 구석이 있었다. 온순한 큰아들만 어머니의 말에 늘 순종했다.

어머니는 아들의 모든 일에 일일이 간섭을 했다. 아들이 중학교에 입학해서 친
구들을 사귈 때조차 그 친구의 가정 형편이나 성적까지 조사했다. 그러다 자기
마음에 들지 않으면 어울리지 말라고 아들에게 명령하곤 했다. 어쩌다 그런 친
구에게서 전화라도 걸려오면 냉정하게 끊어 버리곤 했다. 환자는 그런 어머니가

너무하다 싶었지만 모든 게 자신을 위해서 그러는 거라는 데 할 말이 없었다. 어쨌든 어머니는 그에게 모든 것을 다해 주는 신과 같은 존재였다. 그는 어머니의 말만 잘 들으면 자신의 인생도 성공하리라고 믿었다.

고등학교 2학년이 되자 그는 어머니가 이끄는 대로 공부를 따라가기가 차츰 버거워지기 시작했다. 어머니가 모셔 오는 일류 과외 선생들은 냉정했다. 그의 어려움 같은 것을 돌아보지도 않고 진도에만 충실했다. 아이는 하루하루 초조해지기 시작했다. '내가 공부를 못해서 시시한 대학에 들어가면 어머니가 날 싫어할지도 모른다.'는 생각 때문이었다. 당연히 성적은 더욱 떨어지기만 했고 두려움도 점점 더 커졌다.

아이가 고3이 되었을 때 어머니는 아들을 위해 결단을 내렸다. 아이를 외국에 보내기로 한 것이다. 한국에서 시시한 대학에 가느니 같은 시시한 대학이라도 외국에서 공부하고 돌아오면 나을 거라고 판단한 것이다. 어머니의 이런 결정에 그는 꼼짝없이 승복했지만(어머니를 거역하기에 그는 너무 길이 들어 있었다.) 마음속으로는 무서운 갈등과 싸워야 했다. 전혀 가고 싶지 않았던 것이다.

만일 그가 권위적인 어머니에게 조금만 덜 길이 들었더라도 그는 유학생활을 하는 동안이나마 뒤늦게 자신의 주체성을 찾고 독립할 수 있었을 것이다. 하지만 그는 그러지 못했다. 오히려 모든 걸 일일이 결정해주던 어머니가 없으니 더 불안하고 어떻게 하루하루를 살아가야 할지조차 알 수 없었다. 그는 매일 어머니에게 국제전화를 걸어서 매사를 의논했고 어머니는 그런 아들이 대견하고 예쁘기만 했다. 간신히 시시한 졸업장을 받고 유학에서 돌아온 아들을 위해서 어머니는 이미 자기 마음에 드는 신붓감을 골라 놓고 있었다. 환자는 당연히 어머니의 뜻을 받아들이고 결혼을 했다.

엄마에게

결혼하고 난 후에도 어머니는 아들의 살림살이에 온갖 참견을 다했다. 견디지 못한 아내가 "당신은 더는 어린애가 아니니 제발 정신 차리라"라고 했지만, 남편은 오히려 어머니가 모든 걸 다 해주니 당신도 편하지 않느냐며 오히려 아내의 말을 어머니에게 일러바쳤다. (물론 아들은 의논한다고 했지만 결국 그 내용은 고자질에 지나지 않았다.)

더 이상 참지 못한 며느리가 이혼을 요구하자 어머니는 "우리 집안에 이혼이란 없다. 돈을 줄 테니 그냥 참고 살아라."라고 했다. 그래도 며느리가 계속해서 이혼을 요구하자 어머니도 결국은 "감히 내 뜻을 거역하는 며느리는 필요 없다." 라며 이혼에 동의했다. 환자는 어떻게든 어머니가 아내의 마음을 돌려주기를 바랐으나 사태가 이렇게 되자 이번에도 잠자코 어머니의 결정을 따랐다.

그 후 어머니는 시골에서 중학교만 졸업한 처녀를 데려다 새 며느리로 삼으려고 했다. 그러자 이번만은 아들도 어머니의 뜻을 받아들일 수 없었다. 그는 여전히 헤어진 아내에게 강한 미련이 있었고 그녀 역시 그런 남편이 불쌍해서 가끔 서로 만나고 있었던 것이다. 그런 사실을 어머니에게 들켰을 때도 그는 노발대발하는 어미니 앞에서 벌벌 떨기만 할 뿐 아무 대꾸도 하지 못했다.

그러던 어느 날 그는 혼자 차를 몰고 여행을 떠났다. 그리고 예전의 그였다면 상상도 못할 일을 저질렀다. 술을 마시고 과속으로 운전하던 중 음주단속을 하던 경찰관에게 적발되자 경관을 오히려 마구 폭행한 것이다. 놀라서 달려간 어머니에게도 그는 난폭한 행동을 하며 심한 폭언을 퍼부었다. 결국 정신과 치료를 받기 위해 그는 병원에 입원하게 되었다.

사랑이란 이름으로 자식을 조종하는 타입

아이들이란 저 혼자 뭔가를 시도해 보고 발견해 보고 실패도 해보면서 자라게 마련이다. 이럴 때 아이들이 다치는 게 두려워서, 혹은 실패하고 마음이 상할까 봐 그게 두려워서 모든 걸 대신해 주려는 부모들이 있다. 하지만 그럴수록 아이들은 오히려 자기가 뭔가 부족한 아이라는 열등감에 빠지기 쉽다.

부모가 지나치게 세상을 두려워하고 불안해하면 그런 태도는 아이들에게도 고스란히 옮겨져 올바른 가치관의 형성을 방해한다. 그런 부모는 아이를 너무도 사랑하기 때문이란 구실을 앞세운다. 부모의 그런 양육 태도가 사춘기까지 계속되면 아이들은 모든 일에 겁을 내고 실패를 두려워하게 된다. 그러면 결국, 부모는 원하는 대로 끝까지 아이들의 삶에 간섭하고 조종하고 관여할 수 있게 되는 것이다.

자식들 위에 매번 군림하려는 부모가 무의식적으로 자식의 독립을 두려워한다면 이런 두려움 때문에 더 문제가 생길 수 있다. 그들이 보기에 세상은 온갖 실패의 요소로 가득 찬 두려운 곳이다. 그런데 어떻게 사랑하는 자식을 그 무서운 세상으로 내보낸단 말인가. 결국 그들은 언제나 자식들을 보호하고 껴안아 주어야 하는 것이다. 물론 내면 깊숙한 곳에는 자식과 떨어지고 싶지 않은 의존 욕구가 숨겨져 있다. 이런 욕구를 자식을 보호한다는 구실로 합리화시키고 있는 것이다.

이런 유형의 부모는 "이게 다 너를 위해서!"란 말로 자식을 위협한다.

심지어 이성의 자녀를 무의식적으로 유혹하는 때도 있다. 어머니는 아들에게, 아버지는 딸에게 '널 너무나 사랑하기 때문에, 오직 너를 위해서' 이러는 거라며 아이의 일거수일투족을 조종하려 드는 것이다.

스스로 건강한 자아상을 지니고 있는 부모들은 결코 자녀를 조종하려 하지 않는다. 그러나 부모 스스로 삶에 대해 불안감을 지니고 있거나 버림받을지도 모른다는 공포를 지니고 있을 때 무의식적으로 자식을 조종하려는 욕구를 하게 된다. 자녀가 자신들로부터 독립하려고 할 때 마치 사지가 결딴나는 듯한 고통을 느끼기 때문이다. 그들은 자식을 어른의 세계로 이끌고 또 그 자식이 홀로 설 수 있도록 도와주는 것이 부모가 할 수 있는 역할 전부라는 걸 인정하지 않는다. 오로지 아이들을 무력한 상태로 자신에게 계속 묶어 두는 것이 최종 목표이기 때문이다. 이런 유형의 부모는 대개 다음의 두 가지 유형 가운데 하나에 속한다.

직접 조종하려는 타입

자식을 직접 조종하고 싶은 욕구를 지닌 부모들이 이런 유형에 해당한다. 그들은 자녀들에게 이런 표현을 즐겨 쓴다.

"내가 시키는 대로 안 하면 다시는 너랑 말도 안 할 거야."

"내 말 안 들으면 집에서 내쫓을 거야."

"네가 너무나 말을 안 들어서 정말 죽어버리고 싶어."

그러다가 때로는 아이들을 비웃고 멸시하는 말도 서슴지 않는다.

"네까짓 게 얼마나 잘하는지 어디 두고 볼 거야." 같은 말쯤은 예사다.

아이들은 몇 번쯤 반항을 시도해보다가 곧 자포자기하고 부모의 말에 복종한다. 몇 번의 경험을 통해서 자기의 의견 따위는 부모에게 전혀 쓸모없단 사실을 깨닫는 것이다. 그때부터 아이는 자기가 진정 원하는 게 무엇인지, 하고 싶은 게 뭔지는 알려고도 하지 않는다. 그런 상태로 마음을 닫고 줄에 매달린 인형처럼 부모의 꼭두각시 노릇에 익숙해져 가는 것이다.

하지만 그들의 무의식 속에는 부모에 대한 원망과 갈등이 차곡차곡 쌓여 간다. 이따금 그런 감정이 부식된 가스관에서 가스가 새듯 조금씩 새어 나오기도 한다. 대개는 그럴 때마다 깜짝 놀라서 더욱 마개를 꼭 닫아 둔다. 만에 하나 터지기라도 하면 부모에게 받을 비난이 너무 두렵기 때문이다.

직접 조종형 타입의 부모들은 사랑이라는 이름으로 자신의 욕구를 포장하는 걸 좋아한다. 하지만 속마음은 냉혹하고 이기적인 경우가 많다. 아이들에게도 타협이나 중용보다는 부모냐 자식이냐 하는 식의 이분법만 적용한다. 그런 부모들은 특히 자식이 자기 곁을 떠나서 멀리 가려고 하는 것을 견디지 못한다. 심지어 아이의 결혼상대자마저 자신이 사랑하는 존재를 빼앗는 경쟁자로 여기기도 한다.

다음은 아들을 너무나 사랑한다며 항상 곁에 붙들어 두려다가 아들의 장래를 망친 어느 부모의 이야기다.

고3이 되도록 혼자서 외출 한 번 못해본 아들

두 사람은 외아들을 둔 부모다. 아들은 공부를 잘해서 영재란 얘기를 많이 들었다. 부모는 그런 아들이 마냥 자랑스러웠다. 아들이 다칠까봐 고3이 될 때까지도 어딜 가든 기사를 딸려 보냈다. 아들 혼자서 어딘가를 간다는 건 상상조차 할 수 없는 일이었다.

아들은 친구들과 어울려서 놀러도 가고 싶고 함께 공부도 하고 싶었지만 그건 어림없는 소리였다. 부모는 심지어 아들이 수학여행을 가는 것마저 걱정스러워했다. 돈 몇 푼씩 걷어서 가는 수학여행이 오죽할까 싶었고 여관에서 잔다는 것도 용납할 수 없었다. 부모는 자기 아들만 호텔에서 재우려고 했지만 그건 아들도 반대하고 학교에서도 안 된다고 했다. 결국 자신들이 기부금을 내서 전교생을 가장 시설이 좋은 여관에 투숙하게 했다. 그래놓고도 아들이 돌아올 때까지 불안해하면서 수시로 전화를 해서 아들이 무사한지를 점검했다.

아들은 그런 부모가 너무 부담스러웠다. 어떻게든 부모 곁을 떠나서 독립하고 싶었다. 그 방법의 하나로 아들은 대학 입시가 다가오자 지방대를 선택했다. 또하나의 이유는 그 대학 교수진이야말로 그가 공부하고 싶어 하는 분야의 최고권위자들이었기 때문이다. 학교 선생님도 학벌에 연연하지 않고 자신이 원하는 길을 선택하려는 그의 결정에 격려를 아끼지 않았다.

하지만 부모는 그토록 소중한 아들이 곁을 떠난다는 걸 도저히 받아들일 수 없었다. 아들을 야단치고 애원도 해봤다. 나중에는 학교를 찾아가서 선생에게 서울에서도 명문대학에 갈 수 있는 아이를 말리지는 않고 오히려 늙은 부모 곁을 떠나도록 부추긴다며 난리를 피웠다. 선생은 그 학교가 지방에 있지만 전망이 대단히 밝다고 설명해도 부모는 막무가내였다.

아들도 이번만은 자기 고집을 꺾을 수 없다는 생각에 끝내 그 대학에 특차로 지원했고 결과는 합격이었다. 그러자 그 다음 날 어머니가 음독했다. '아들과 떨어져 살 바에는 차라리 죽는 게 낫다.'라는 유서를 써놓고 음독자살을 시도한 것이다. 다행히 빨리 발견되어서 어머니는 무사히 깨어났다. 그러자 이번에는 아버지가 "이런 어머니를 놔두고 가면 넌 자식도 아니다"라며 위협했다. 결국, 아들은 부모가 원하는 대학에 지원하지 않을 수 없었다.

그 후 그는 부모에게 꼼짝없이 저당 잡힌 자신의 삶이 싫어서 견딜 수가 없었다. 그는 본래 지방의 그 대학을 졸업하고 나면 그곳 교수진들이 졸업한 외국의 대학에 가서 본격적으로 학문을 연구할 계획이었다. 하지만, 그 꿈이 무산된 지금은 아무런 삶의 의욕을 느낄 수 없다고 하소연했다.

간접적으로 조종하는 타입

살다 보면 서로 상대방을 간접적으로 조종하는 일이 흔하게 일어난다. 대부분 사람들은 원하는 게 있어도 직접 부탁했다가 거절당하는 상황을 두려워하기 때문이다. 따라서 자신도 모르게 원하는 바를 간접적인 방법으로 요구하게 되는 것이다.

내 경험만 봐도 그렇다. 정신과 수련의 시절의 일이다. 회진을 끝내고 의국으로 들어가니 창문이 열려 있어서 너무 추웠다. 난 무심코 다른 레지던트에게 "춥지 않아요?"라고 물어보았다. 그러자 옆에 계시던 선생이 "왜 그렇게 물어보지? '창문 좀 닫아 주세요.' 하고 직접 표현하는 게 어때?" 하고 조언을 해주셨다. 그때 나는 '아!' 하고 고개를 끄덕였다. 그분 말씀이 옳았기 때문이다.

일상사에서도 비슷한 일은 흔하게 일어난다. 예를 들어 저녁 늦게 찾아온 손님이 이제 돌아갔으면 싶을 때가 있다. 하지만 우린 대놓고 "제가 피곤하니 그만 가주시겠어요?"라고 못한다. 대신 하품을 하며 상대방이 피곤한 걸 눈치채주기 바라는 것이다. 술 마시고 싶은 남편이 술 가져오라는 말 대신 "지난번 마시던 술 아직 남았나?" 하고 말하는 경우도 많다. 그런 일은 부모와 자식 간에도 자주 일어난다. 그런 경우 부모만 자식을 간접 조종하는 게 아니라 자식도 부모에게 그렇게 한다.

간접적인 조종이라고 해서 꼭 나쁜 건 아니다. 그건 인간이 살아가는한 방법일 수도 있고 때로는 정중한 예절이 될 수도 있다. 그러나 매사에 그런 식으로 행동하면 진정한 인간관계가 파괴될 수도 있다. 특히부모와 자식 간에는 부모가 자신의 진정한 동기를 숨기게 되므로 아이들은 부모가 진짜 자신들에게 바라는 것이 무엇인지 혼란을 일으키게된다. 가장 흔한 형태가 부모가 자신을 스스로 '자식을 돌봐주는 사람'으로 자처하며 사실은 아이를 조종하는 경우이다. 그럴 때 아이들은 끝없이 자기를 돌봐주고 사랑해 주는 부모에게 거역하려면 죄책감을 느낄 수밖에 없다.

언제나 자신의 방을 깔끔하게 정돈해 주며 행복해하는 어머니에게 자식은 감히 "제발 내 방은 그냥 좀 내버려 둬요." 하는 말을 꺼내지 못한다. 행여 그런 항의를 해도 돌아오는 대답은 대개 정해져 있다.

"넌 공부하느라 피곤하잖니? 네가 이런 걸 할 시간이 어딨어? 엄마가

다 알아서 해줄 테니 넌 걱정할 것 없어."

이런 타입의 어머니는 음식을 만들어 놓고 아이들이 먹지 않으면 "엄마가 널 위해 얼마나 정성 들여 만든 건데 먹어야지." 하고 은근히 압력을 가해 아이들을 힘들게 한다.

다음은 교묘한 간접 조종으로 여대생인 딸을 지치게 한 어머니에 관한 이야기이다.

대학생 딸의 옷차림까지 챙겨야 직성이 풀리는 어머니

일찍 아버지를 여의고 어머니와 둘이서만 생활해 온 이 여대생은 사람들과 비교적 원만한 대인관계를 유지했다. 그런데 유독 어머니와는 갈등이 많다며 상담을 청해 왔다.

"어머니는 물론 혼자 힘으로 절 정성껏 키워 주셨어요. 저 역시 그런 어머니에게 보답해야 한다는 마음으로 살아왔고요."

대부분의 모녀 사이가 그렇듯 두 사람도 사소한 일로 티격태격하면서도 서로 다정하게 잘 지내왔다. 그런데 딸이 대학에 진학하면서부터 조금씩 문제가 생기기 시작했다.

그녀는 자신이 원하는 대학에 들어가 꼭 하고 싶은 공부가 있었다. 하지만 그 대학은 남녀공학이라서 안 된다는 어머니의 강력한 반대에 부딪쳐 결국 원하지도 않는 여대에 입학하게 되었다. 어머니의 반대 이유가 어이없을 정도로 단순한 것에도 그녀는 화가 났다. "남자는 다 늑대다. 네가 그런 남자들에 둘러싸여 공부한다는데 엄마 마음이 편하겠니?" 하며 막무가내로 반대했던 것이다.

"전 지금까지 제 마음대로 방 한 번 정리정돈해 본 일이 없어요. 모든 걸 엄마가

다 해주기 때문이에요."

그녀는 어머니 앞에서는 언제나 무능력한 갓난아기 같은 기분을 느꼈다. 그러면서도 오직 자기 하나만 바라보고 사는 어머니를 거역할 수는 없다고 했다.

"그렇지만 대학생이 된 지금에 와서도 옷 입는 것까지 챙겨 주는 것만은 도저히 참을 수 없어요."라며 그녀는 어머니에 대한 분노를 나타냈다. 자기가 무슨 옷을 입으려고 하면 "얘, 넌 피부가 노래서 그런 색깔은 안 어울려." 혹은 "넌 체형이 이러니 이런 스타일 옷은 입지 마라." 하며 매번 참견한다는 것이다.

그러다 한 번은 그녀가 더는 참지 못하고 소리를 지르고 말았다. 그러고 나서 학교에 오니 아무래도 어머니에게 너무한 것 같아 집으로 전화를 걸었다. 그러자 어머니는 울면서 "난 괜찮다."라는 말만 되풀이했다.

"그땐 정말 미칠 것처럼 화가 나더군요. 차라리 엄마가 마구 화를 내줬으면 기분이 그렇게 비참하진 않았을 거예요."

그녀의 말이다.

"어쩌다 남자 친구가 전화라도 하면 끝까지 옆에서 듣고 있다가 '난 네가 남자를 제대로 못 사귈까 봐 걱정이다.' 하는 식으로 말하는데, 그 말이 저한테는 남자 친구를 사귀지 말라는 압력으로 들리는 거예요. 차라리 '네가 내 곁을 떠날까 봐 불안하구나.' 하고 솔직하게 말해주면 마음이 편할 것 같아요."

면담을 끝내면서 난 그녀에게 이제부터라도 그녀가 먼저 직접 화법을 쓰고 어머니에게 무엇을 부탁할 때도 좀 더 직접적으로 자신의 감정을 전달해 보라고 말해 주었다.

돈으로 모든 걸
해결하는 타입

돈은 자본주의 사회에서 일차적인 언어이다. 자식이 계속 복종하게 하고 자신에게 의존하게 하고 싶어 하는 부모에게 돈은 가장 강력한 무기이다. 그런 부모는 아이가 어릴 때부터 돈의 위력이 얼마나 대단한지를, 그리고 부유한 부모를 만난 게 얼마나 다행스러운 일인지에 대해 기회가 있을 때마다 아이에게 세뇌교육을 한다.

그리고 만약에 말을 잘 듣지 않으면 집에서 내쫓아버리겠단 말로 압력을 가한다. 그리고 경제적으로 아직 자립할 능력이 없는 아이들은 이런 부모의 압력에 실제로 위협을 느끼게 마련이다. 따라서 속마음이 어떻든 부모에게 순종할 수밖에 없게 되는 것이다.

이런 유형의 부모들은 특히 자수성가한 타입에서 많이 찾아볼 수 있다. 그들은 세상을 '돈 있는 자'와 '돈 없는 자'로 구분할 뿐 다른 가치관도 존재한다는 사실을 인정하지 못한다. 그러면서 아이에게도 부모의 이런 생각을 강요한다.

그들에게는 돈이 인생 최고의 목표이므로 자식도 이런 기준에 맞춰서 키운다. 그러다 보면 아이들은 때때로 부모가 너무 냉혹하다는 생각을 떨쳐버리지 못한다. 그리고 이런 생각이 사랑받지 못한다는 것으로 이어져 정서적으로도 불안해질 수 있다. 돈 때문에 부모에게 복종하는 자신에 대한 모멸감도 커서 정신적으로 불균형한 어른으로 성장할 가능성도 크다. 남들이 보기에는 사회적으로나 경제적으로나 남부러울 것 없어보이는 사람이 이따금 충격적인 패륜 범죄를 저지르는 경우가 있다. 그럴 땐 대개 어린 시절 때부터 굳어져 온 이러한 정신적 불균형이 원인인 경우가 많다.

다음 사례는 돈이 최고라고 생각하는 부모 때문에 결국 우울증을 앓게 된 어느 대학생의 이야기이다.

아버지 앞에만 서면 한없이 초라하고 비참해지는 아들

대학생 K가 불안감과 우울증을 견디지 못하고 병원을 찾아왔다. K는 모진 고생 끝에 자수성가해서 지금은 엄청난 부자가 된 부모의 외아들로 남 보기에는 부러울 게 없었다. 하지만, 그의 부모는 지독한 구두쇠로 돈 문제에 있어서만은 자식에게도 몹시 냉혹했다. K의 기억으로는 지금까지 부모가 누굴 도와주는 걸 본 적이 단 한 번도 없었다.

K가 아주 어렸을 때였다. 길에서 동냥하는 할아버지에게 자신의 용돈을 주려고 한 일이 있었다. 그때 함께 가던 아버지가 동냥 바구니에서 아들이 넣어준 돈을 다시 꺼내면서 이렇게 말했다.

"이 노인은 자기가 게을러서 거지가 된 거니까 절대로 도와줄 필요가 없다. 도대체 넌 그렇게 마음이 약해빠져서 이 세상을 어떻게 살아가려는 거냐? 더구나 사내자식이…."

아들은 그때 동냥 바구니에서 도로 돈을 꺼내던 아버지의 모습을 아직도 끔찍한 것으로 기억하고 있었다.

중고등학교 시절에 K는 실력이 모자라는 과목들을 과외를 해서라도 보충하고 싶었다. 하지만 "제힘으로 공부 하나 못하는 자식을 뭣에다 쓰냐."라는 핀잔을

다 듣고 나서야 겨우 한 과목의 학원비를 타낼 수 있었다. 그러면서도 아버지는 걸핏하면 "넌 운이 좋은 줄 알아라. 너만 할 때 난 부모한테 일전 한 푼 받아 본 기억이 없다."라는 얘기를 귀가 따갑도록 되풀이했다.

중고등학교 시절에 K는 단 한 번도 신바람이 나본 적이 없었다. 그저 하루하루가 우울한 날의 연속일 뿐이었다. 어쩌다 친구 집을 찾아가면 따뜻하게 아들을 맞아 주는 친구의 부모가 그렇게 부러울 수 없었다. 심지어 어떤 땐 혹시 자기가 입양된 자식은 아닐까 하고 심각하게 고민한 적도 있었다.

한 번은 아버지와 함께 목욕탕에 갔다가 "인마! 사내자식이 그렇게 체격이 빈약해서 어디에 쓰냐?"라는 핀잔을 듣고 자신이 남자로서도 열등하단 생각에 괴로워하기도 했다. 대학 진학을 앞두고는 요즘 대학 나와도 빈둥거리는 사람이 더 많으니까 괜히 4년씩 아까운 등록금 허비하지 말고 고등학교 졸업하면 아버지 일이나 거들라는 것이 아버지가 보인 반응 전부였다.

"그래도 아버지 말씀을 따르다간 내 인생이 어떻게 될지 몰라서 두려웠습니다. 그래서 죽어도 대학에 가겠다고 우겼지요."

그러나 안타깝게도 그는 원하던 대학에 불합격하고 말았다.

"그것 봐라. 실력은 생각 안 하고 꿈만 크더니 그렇게 될 줄 알았다. 시시한 대학에 가느니 지금이라도 포기해라. 우리가 어떻게 번 돈인데 시시한 대학 배 불려 주려고 등록금으로 갖다 바치겠니."

아버지는 그렇게 말했지만 결국 그는 후기대학에 지원해서 합격했다. 그러자 아버지는 "네가 붙을 정도면 그 대학도 알만하다."라며 무시했다. 그리고 등록금을 줄 때마다 '어떻게 번 돈인데' 하고 꼭 못을 박았다. 아들은 그 소리가 너무나 듣기 싫어서 아르바이트로 등록금을 벌고 있다고 했다.

엄마에게

그의 우울증이 더 깊어진 건 그냥 알고 지내는 여학생이 집으로 전화한 걸 가지고 아버지가 한 말 때문이었다. 아버지는 "지금 네가 연애질이나 하고 다닐 때냐? 그렇게 정신 못 차리다가 쪽박 차기 십상이다. 행여 내 재산은 기대하지도 마라. 네가 그렇게 계속 정신 못 차리면 나 살아 있는 동안은 한 푼도 안 줄 거니까!"라고 말하며 몹시 화를 냈던 것이다.

"그런 아버지 앞에만 서면 내가 너무나 초라하고 무능력하고 형편없는 인간 같아서 견딜 수 없었어요."

그 대학생은 아버지를 죽이고 자기도 자살하고 싶은 충동을 느끼다가 스스로 깜짝 놀라서 당황할 때가 많다고 고백했다.

형제끼리 비교해서 경쟁심을 조장하는 타입

자녀를 서로 비교해서 경쟁심을 유발함으로써 그 와중에 교묘하게 자식들의 복종을 얻어내는 부모들에게 많은 유형이다. 이런 부모는 아이들에게 "넌 왜 형만 못하니" 혹은 "넌 왜 동생만도 못하냐?"라는 말을 자주 한다. 비교 대상이 되는 아이는 자연히 부모의 사랑을 받지 못한다는 느낌이 들게 되고 부모의 사랑을 얻기 위해서 뭐든 부모가 시키는 대로 하려고 하게 된다. 그렇게 아이들 사이에 편 가르기를 시켜서 부모에게 복종하게 하는 기술은 부모나 가족에게서 독립을 선언한 아이를 길들이는 방법의 하나로 사용되기도 한다.

의식적이든 무의식적이든 이러한 부모의 태도는 형제애가 정상적으로 발달하는 것을 방해한다. 그리고 때로는 심각한 후유증을 남긴다. 형제나 자매 사이에서 자존심에 상처를 입으며 자라난 아이들은 커서도 애정보다 분노의 감정에 더 익숙해진 경우가 많다. 그로 말미암아 가족간의 불화는 물론 주변의 인간관계에서도 실패할 확률이 높은 것이다. 다음의 사례는 그런 부모가 자식의 성장 발달에 얼마나 나쁜 영향을 미치는지 잘 보여 주고 있다.

형제를 비교하며 번갈아 상처 입히는 부모

우리 속담에 "말 타면 경마 잡히고 싶다."라는 말이 있는데 이 부모가 바로 그 전형적인 경우다. 그들은 자유업으로 큰돈을 벌어서 경제적으로 성공했다. 하지만 사회적으로는 이렇다 하게 내세울 만한 게 없었기 때문에 슬하의 아들 형제가 그걸 이루어 주기 바랐다.

큰아들은 부모의 말에 순종적이었다. 그러나 둘째는 어릴 때부터 자기 주장이 강하고 비판적이었다. 덕분에 둘째는 늘 야단을 맞았다.

"네 형은 그렇게 잘하는데 넌 대체 뭐 하는 녀석이냐? 제발 네 형 반만 닮아라."

매번 그렇게 형과 비교하는 건 물론이고 형 앞에서 매를 드는 일도 서슴지 않았다. 자연히 둘째는 점점 더 반항적이 되어 갔다. 반대로 형은 부모가 믿는 대로 착한 아들이 되려고 더욱 노력했다. 부모는 큰아들은 의사, 둘째는 교수가 되기를 원했다. 그러면서 아이들에게 늘 말하곤 했다.

"너희 둘 중에 우리 소원을 이루어 주는 쪽에 모든 재산을 물려줄 생각이다. 그러니 알아서 해라."

그 말은 곧 협박이었다. 문제는 형제가 그 협박에 세뇌당하다 보니 정말 형이나 동생을 경쟁 상대로밖에 여기지 않게 되었다는 점이다.

서로 같은 학교에 다니면서도 형은 동생을 보살펴 준 일이 한 번도 없었다. 동생이 모르는 걸 물어봐도 "야, 내 공부하기도 바쁜데 네 공부 봐줄 시간이 어디 있니?" 하고 외면하기 일쑤였다. 더 나쁜 건 공부를 봐주는 척하며 틀린 답을 가르쳐 주기도 하는 것이었다.

어느 날은 동생이 학교에서 담배를 피우다가 선생님에게 걸렸다. 그러자 형은 얼씨구나 하고 부모에게 그 사실을 일러바쳤다. 이 일로 부모에게 심하게 야단을 맞고 난 후 동생은 마치 무슨 원수라도 되듯 형에게 복수를 다짐했다.

불행하게도 형은 첫 대학 입시에 실패하고 말았다. 그때 제일 고소해 한 사람은 다름 아닌 동생이었다. 그 후 형은 재수해서 원하던 대학은 아니지만 그래도 명문에 속하는 의과대학에 들어갔다. 하지만, 그는 언제나 불안했다. 만에 하나 동생이 자기가 실패했던 일류대학에 덜컥 합격하면 어쩌나 하는 생각 때문이었다. 아니나 다를까, 그의 불안은 현실로 나타나서 동생은 그 대학에 무난히 합격했다. 그러자 그때까지 형을 편애하던 부모는 우리 둘째가 최고라며 동생만 칭찬했다. 게다가 형에겐 "넌 재수까지 했으면서 그 대학에 못 들어가느냐?"고 비웃었다.

이런 부모의 태도에 큰아들은 말할 수 없이 큰 상처를 받았다. 이제껏 자기는 부모에게 말대꾸 한번 안 한 모범생이었고 동생은 부모 말이라면 사사건건 거역하던 문제아였는데 왜 부모가 그처럼 돌변한 태도를 보이게 됐는지 이해할 수 없었다. 집안에서 늘 동생과 경쟁하며 자라온 그는 대학생이 되어서도 친구들을 모두 경쟁상대로만 보았다. 이미 의식세계가 그렇게 고정돼 있었으니 다른 시각은 갖고 싶어도 가질 수가 없었던 것이다. 시험만 끝나면 동급생들에게 일일이

"넌 몇 개 틀렸느냐?" 하고 물어봐서 자기가 좀 낫다 싶으면 안심하는 그였다. 그는 자기보다 성적이 높거나 집안이 좋은 아이들한테는 비굴할 정도로 저자세로 일관했다. 반대로 그렇지 못한 아이들은 상대조차 하지 않았다. 친구들도 그의 치졸한 이분법적 사고에 질려 아무도 그의 곁에 머물려고 하지 않았다.

집안에서는 늘 동생과 비교되며 소외당하고 밖에서는 친구들에게 외면당하다 보니 그는 차츰 이상 성격의 징후를 나타내기 시작했다. 그동안 집안에서 동생이 자기로 인해서 얼마나 많은 상처를 받았는지는 조금도 생각하지 않고 동생을 향해 원한을 품었다. 학교에서도 친구들이 경쟁에서 이기려고 자신을 해칠지도 모른다는 피해망상 증상을 보였다. 결국, 그는 병원에 오게 되었다.

물론 부모는 어려운 것 없이 원하는 대로 다 해주며 키운 자식이 왜 그렇게 됐는지 조금도 이해하려고 들지 않았다. 그러면서 자식에 대해 원망의 말만 늘어놓았다.

부모가 자식에게 경쟁 의식을 느끼는 타입

아이들은 부모에게 행복의 원천이다. 아이가 태어나고 자라면서 새록새록 안겨 주는 기쁨이야말로 부모에게는 이 세상 무엇과도 비교할 수 없는 값진 선물이다. 그 아이가 어느새 훌쩍 커버려 부모를 경쟁상대로 삼을 때마저도 부모에게는 그것이 하나의 감동이자 가장 흥분된 삶의 한 경험이 된다. 그런데 세상에는 그런 자식들의 성장을 위협으로 받아들이는 부모들도 있다. 그런 왜곡된 이미지는 특히 열등감이 심하고 늘 자기 자신에게 부족한 뭔가를 느껴 허덕이는 부모들에게서 많이 발견된다. 그들은 자식들이 통제를 벗어날 만큼 성장하면 불안감을 느낀다. 뭔가 빼앗기는 기분을 느끼고 심하면 공포에 사로잡히기도 한다. 그들은 자신들이 왜 그런 감정을 느끼는지 알지 못하며 막연히 아이들이 자신을 자극하기 때문이라고만 여긴다.

이런 유형에 속하는 어머니는 딸이 자라면서 여자로서 점점 아름다움을 갖추어 가는 모습을 참지 못한다. 자기는 날이 갈수록 젊음과 아름다움을 잃어가는데 반대로 점점 예뻐져 가는 딸에게 질투심을 느끼는 것이다. 그리고 무의식적으로 딸을 멸시하는 등의 행동으로 질투심을 해소하려고 한다.

아버지 역시 남자로서 힘을 점점 상실해 가는 것에 대해 초조감을 느끼고 아들을 얕잡아 보거나 비웃어 줌으로써 아들이 계속 어린아이 단계에 머물러 있기를 바란다. 그런 부모들은 대개 어린 시절 물질적인 결핍에 시달렸거나 사랑에 굶주렸던 경우가 많다. 그들은 지금은 모든 것이 풍요하게 갖추어졌더라도 늘 갈증과 두려움 속에 사는 경우가 대부분이다. 그리고 자신의 부모나 형제에게 느꼈던 경쟁의식을 이제는 자식들에게 느끼고 있는 것이다.

이처럼 불공평한 경쟁의식은 당연히 자녀에게 크나큰 부담으로 작용한다. 그런 부모들의 숨은 의도는 자식이 절대 자기보다 뛰어나거나 행복해서는 안 된다는 것이다. 이러한 병적인 메시지는 무의식적으로 아이에게 전달된다. 그리고 그걸 극복하려는 아이는 부모에게 깊은 죄책감을 느끼게 마련이다. 결과적으로 이상한 얘기지만 아이는 성공할수록 더 비참해지며 아예 성공할 기회를 스스로 포기하기도 한다.

다음은 남편 때문에 불행하다고 생각하는 한 어머니가 피해의식에 사로잡힌 나머지 딸의 결혼 생활을 무의식적으로 파괴한 이야기다.

자신의 상처를 딸에게 투영하는 어머니

남편과 이혼하고 친정에 얹혀산다는 한 젊은 여성이 찾아왔다. 상담 결과 그녀는 우울증이 심한 상태였다.

그녀의 부모는 사이가 좋지 않았다. 어린 시절부터 그녀는 부모가 서로 치고받고 싸우면 방 한구석에 쪼그리고 앉아 두려움에 떨며 그 모습을 지켜봐야 했다. 싸움이 끝나면 아버지는 나가 버리고 어머니는 울면서 악을 썼다. 그러면서 그녀에게는 "넌 절대로 결혼하지 마라."고 했다. 그녀가 가장 견디기 어려웠던 건 어머니 마음에 들지 않는 행동을 할 때마다 "지 아비 닮아 저 모양이다. 피는 못 속이지." 하고 퍼붓는 저주였다.

"전 늘 혼란 속에서 자란 기분이에요." 그녀가 말했다.

"어머니 마음에 들려면 아버지를 닮지 말아야 하는데 뭘 어떻게 해야 아버지를 안 닮는 건지, 어떻게 해야 어머니한테 사랑 받을 수 있는지 늘 갈팡질팡했어요. 학교에서 조금만 늦어도 남자 만나고 온 거 아니냐고 다그치는 건 예사였고요."

그녀는 화가인 아버지를 보면서 자란 탓인지 그림을 좋아해서 미술대학에 가고 싶었다. 그러나 어머니가 "네 아버지가 예술 한답시고 돌아다니며 내 속을 얼마나 썩였는데. 넌 절대로 안 된다."라고 하는 바람에 아무 학과나 선택해서 의미 없는 대학 생활을 보내야 했다.

졸업 후에는 그런 집안 분위기에서 빨리 벗어나고 싶어서 일찍 결혼해 버렸다.

결혼 후 얼마 안 돼 임신하게 된 그녀는 남편이 외국 출장을 간 사이에 친정에 다니러 갔다. 그녀는 당연히 어머니가 임신한 사실을 반겨줄 줄 알았다. 하지만 어머니는 오히려 "여자는 애를 낳으면 인생 끝장나는 거야. 아직 네 남편이 어떤 위인인지도 잘 모르면서 덜컥 애부터 낳았다가 잘못되면 어쩔래? 더 살아 보고 낳아도 늦지 않으니 당장 유산시켜라." 하고 그녀를 몰아세웠다.

어머니의 말이 일리가 있는 것 같기도 하고 입덧으로 심신이 몹시 지쳐 있던 그녀는 무엇에 홀린 듯 어머니를 따라가서 아이를 유산시키고 말았다.

"출장에서 돌아온 남편이 그 사실을 알고 굉장히 화를 냈어요. 그래서 어머니한테 상의했더니 이해심 없는 남자와 살면 평생 고생이니 차라리 지금 이혼하는 것이 낫다는 거예요."

그녀는 어머니의 말을 따를 생각이 없었다. 하지만 남편과의 갈등이 깊어지면서 결국 이혼하고 말았다.

"지금은 뭔가 내 일을 찾아서 독립하고 싶어요. 하지만, 어머니가 반대하고 나 역시 혼자 살아갈 엄두가 안 나요. 정말 어떻게 해야 할지 정말 모르겠어요."

이렇게 말하며 그녀는 눈물을 흘렸다.

언제나 완벽주의를 강요하는 타입

먼지 하나 없는 집이 있을 수 없듯이 완벽한 인간이란 있을 수 없다. 완벽주의란 억압의 한 형태일 뿐이다. 특히 성장기의 아이들은 실수를 통해 인생을 배워 나가는 법이다. 하지만 완벽주의를 강요하는 부모는 아이의 실수를 용납하지 않는다. 자기 가족은 늘 완벽하다는 환상을 깨고 싶지 않은 것이다.

그들은 지나치게 높은 목표를 세워 놓고 아이들을 '성공 스트레스'로 몰아간다. 심지어는 아이들이 결코 그 목표에 도달하지 못하는 모습을 지켜보면서 거꾸로 자신들이 얼마나 훌륭하고 강한가를 확인하는 부모도 있다. 그렇게 해서 자신의 열등감을 해결하려는 것이다.

완벽을 추구하는 부모 아래서 성장한 자녀는 공통적으로 자신은 무능력하다는 자기 비하에 빠지곤 한다. 따라서 무슨 일을 해도 미리 겁을 먹고 회피하거나 질질 끌려가다가 마지막 순간에 가서야 마지못해 한꺼번에 처리하는 특징을 보이곤 한다.

그들의 부모는 자녀의 행동을 포함한 모든 것에 점수 매기기를 좋아한다. 그들에게 인생의 궁극적인 목표는 '성공'이다. 따라서 남과의 관계에서도 언제나 자신이 우월하다고 느끼지 않으면 참지 못한다. 아이들에게도 항상 '누가 너보다 뛰어나면 안 된다.'라는 식으로 압력을 가한다. 그때 아이들이 그 모든 문제를 극복하기 위해 취하는 방법은 두 가지다. 부모의 요구에 맞춰 자신을 혹사하거나, 아니면 정면으로 반기를 드는 것이다.

부모의 완벽주의에 질려 본드를 흡입하게 된 딸

고3 여학생이 부모와 함께 찾아왔다. 친구들과 어울려 본드를 흡입하다 경찰에 붙잡혔다는 것이다. 아이는 부모가 정신병원에 입원시켜 치료를 받게 한다는 조건으로 풀려 나왔다고 했다.

여학생의 부모는 두 사람 모두 단정하고 예의도 깍듯했다. 딸이 정신과 치료 같은 건 안 받겠다고 악을 쓸 때도 조용한 목소리로 "얘야, 선생님 앞에서 그게 무슨 예의 없는 행동이니." 하며 아이를 타일렀다. 부모를 밖으로 내보낸 뒤에 난 여학생과 면담을 시작했다

이야기를 들어 보니 부모는 둘 다 명문대 출신에 사회적으로도 명성을 얻고 있는 사람들이었다. 여학생의 위로는 언니가 하나 있었다.

"언니라고 행복한 건 아니에요."

아이가 말했다.

"우린 어릴 때부터 자신들이 못났다는 생각에서 벗어날 수 없었어요. 왜냐고요? 그야 언제나 완벽하고 잘난 엄마 아빠 덕분이죠."

두 자매는 어릴 때 밖에서 조금이라도 옷을 더럽히고 오면 현관에서부터 그 옷을 다 벗고 목욕 수건 한 장만 두른 채 욕실로 들어가야 했다. 집안에 흙이나 먼지를 묻히고 들어온다는 건 상상도 할 수 없었다. 각자의 방도 마찬가지였다. 인형 하나라도 어질러져 있으면 돼지우리 같다고 야단을 맞았다. 책상 서랍도 연필은 위에, 색종이는 아래에 하는 식으로 늘 위치가 정해져 있었다. 옷도 어머니가 시킨 대로 반듯하게 정리해 놓지 않으면 심한 꾸지람을 들어야 했다. 그러니

친구들을 집에 데려오는 건 꿈도 못꾸는 일이었다.

아버지가 귀가할 때 온 가족이 현관에 똑바로 늘어서서 인사하는 건 기본이었다. 그뿐 아니라 그 전에 집안 정리며 식사준비까지 완벽하게 끝나 있어야 했다.

"공부도 마찬가지였어요. 시험에서 한 문제라도 틀리는 날엔 난리가 났죠. 이미 오래전부터 어느 대학에 수석으로 합격해야 한단 말을 귀가 아프도록 들었어요. 날마다 이렇게 살면 기분이 어떨 것 같으세요?"

공부뿐만이 아니었다. 학급선거에서는 꼭 반장에 선출되어야 했다. 만약 그러지 못하면 네가 어디가 모자라느냐, 부모가 뒷바라지를 못해 준 게 뭐 있느냐며 야단을 맞았다. 언니가 대학에 진학할 때도 본인이 원하던 이과가 아니라 졸업식을 할 때 대통령상을 받을 수 있는 학과가 먼저 고려되었다. 언니는 겨우 대학 1학년인데 벌써 수석 졸업을 목표로 씨름 중이라고 했다.

환자는 두 딸 중 하나는 음악가로 만들고 싶다는 어머니의 뜻에 따라 어릴 때부터 피아노를 배웠다. 그러나 완벽주의인 어머니 때문에 피아노 교습이 지긋지긋해진 그녀는 언제부터인가 피아노 앞에만 앉으면 손가락이 마비되어 연주하지 못했다. 어머니에게 여러 번 하소연도 해봤지만 소용없었다. 오히려 어머니는 그러다가 언제 훌륭한 피아니스트가 되겠느냐며 새벽부터 일어나서 피아노 연습을 하고 학교에 가도록 했다.

"학교에 나와 비슷한 고민을 한 아이가 있어서 친해지게 됐어요. 그런데 그 애가 본드 흡입을 하라는 거예요. 자기는 스트레스를 그렇게 푸는데 효과 만점이라면서요. 처음엔 어지럽고 구역질이 났지만, 친구도 하는데 나라고 못할 것 없지 하는 생각으로 몇 번 하다 보니 어느새 빠져들고 만 거예요."

그다음부터 그녀는 친구와 학교 뒷산에서 본드를 흡입하고 집으로 돌아가기를 반복하다 어느 날 경찰에 발각된 것이었다.

그녀의 부모는 이런 행동을 하는 딸아이가 집안의 돌연변이라고 생각했을 뿐 조금도 이해하려 들지 않았다. 딸아이를 유혹했던 친구가 악마 같은 아이라며 친구만 비난했다.

난 여학생의 어머니와 별도로 면담을 하기로 했다. 그녀는 처음엔 전혀 감정을 표현하지 못했다. 그러다 차츰 남편에게 받은 상처를 털어놓기 시작하면서 감정표현이 가능해졌다.

남편의 귀가 시간에 맞춰서 모든 걸 완벽하게 준비해놓아야 한다는 부담감, 자신이 마치 로봇처럼 살아왔다는 감정, 어쩌다 힘들다는 말만 해도 무슨 여자가 그렇게 못났냐고 타박만 하는 남편의 야박함 등을 이야기하던 도중 그녀는 처음으로 남편에 대한 분노를 터트렸다. 그동안 완벽주의자를 자처하고 모든 걸 지배해온 남편에게 자신이 분노의 감정이 있다는 사실을 스스로 깨닫는 것조차 두려워해 온 그녀였다.

그녀는 아이들 교육에 실패할 때 남편이 퍼부을 비난이 누려워서 자기도 모르게 딸들에게 그렇게 대했던 것 같다며 자신의 잘못을 인정했다. 그리고 마침내 환자의 입장에 대해서도 공감을 나타냈다. 그러나 가족 치료를 받는 것에는 모녀가 똑같이 반대했다. 만에 하나 아버지가 가정의 치부를 제 3자에게 말했다는 사실을 알면 곤란하기 때문이라고 했다. 자기들을 가만두지 않을 것은 물론이고 결코 치료를 받아들일 사람이 아니란 거였다.

자녀에게 무조건 쩔쩔매는 타입

부모 스스로 자기 확신이 없는 경우에 많이 나타난다. 매사에 수동적이고 자기감정을 표현하는 것이 두려워서 자식에게도 무의식적으로 두려움을 느끼는 것이다. 뭔가 책임져야 할 일이 생기면 불안해져서 사소한 일도 누군가의 동의를 구해야 마음이 놓이는 유형이다. 자기주장을 했다가 상대방과의 밀착 관계가 깨질까봐 두렵기 때문이다.

이런 타입의 어머니는 남편과의 관계에서도 지나치게 의존적인 경우가 많다. 또한 다른 인간관계에서도 거절당하는 게 두려워 확실하게 보장된 관계만을 원한다. 아이들과의 관계에서도 마찬가지다. 특히 아이들의 요구를 잘 거절하지 못한다. 그랬다가 아이들이 자신을 싫어할지도 모른다는 두려움이 있기 때문이다.

이런 유형의 어머니들은 성장하는 과정에서 부모에게 반기를 들거나 독립을 시도할 때마다 미묘하게 억압을 받아왔을 가능성이 많다. 아니면 여자는 무조건 수동적이어야 한다는 교육을 받고 자란 경우가 대부분이다. 또한 자기의 행동이나 말, 심지어는 자기가 느끼는 감정에도 확신이 없고 자기 비하가 심하다.

그런 타입의 어머니 밑에서 성장한 아이들은 폭군 스타일의 부모 밑에서 성장한 아이들과 마찬가지로 난폭하고 반항적인 기질을 보일 가능성이 크다. 그들은 아무리 부당한 요구도 부모가 다 들어준다는 것을 알고 무의식적으로 그걸 이용하려 드는 것이다.

다음은 딸에게 무조건 쩔쩔매던 어머니가 결국 딸의 장래에 어떤 영향을 끼쳤는지를 잘 보여주는 사례다.

"뭐든지 네가 원하는 대로 해줄게."

고3 여학생이 어머니와 함께 병원을 찾아왔다. 이 학생은 고3이 되면서 식사를 거의 하지 않아 165cm의 키에 몸무게가 34kg밖에 되지 않았다.

"어쩌다 아이가 이렇게 되도록 내버려뒀습니까?" 하는 의사의 질문에 이 어머니가 한 대답은 이랬다.

"딸아이는 늘 옳은 일만 하기 때문에 이번에도 당연히 그런 줄 알았습니다."

병원에 온 것도 딸이 자주 악몽을 꾸고 불안에 시달리니 가보자고 해서 온 것이지 어머니가 데려온 게 아니었다.

딸은 고집스럽고 자기주장이 강했다. 그녀는 신경성 식욕부진증으로 상태가 심각했다. 그러나 의사의 진단이나 치료를 거부하고 자기가 원하는 방식으로 치료해줄 것을 원했다. 그럴 수 없다는 의사의 말에도 아랑곳하지 않았다.

"그럼 난 이 병원에서 치료 안 받을 거예요. 내가 원하는 대로 해주는 다른 병원을 찾아볼게요."

딸이 고집을 부리자 어머니는 결국 이번에도 "그래, 그래, 네가 원하는 대로 해줄게." 하며 딸을 데리고 가버렸다.

그 후 환자는 집에서 혼수상태에 빠져 응급실을 통해 입원하게 되었다. 회사일로 집을 떠나 있던 아버지가 돌아와서 결국 정신과 치료가 이루어진 것이다. 남편은 딸을 그렇게까지 내버려둔 아내에게 화를 내면서도 드디어 올 것이 오고야 말았다는 표정을 지었다. 남편의 말에 따르면 아내는 어린애 같은 성격에 우유

부단하고 지나칠 정도로 남편에게 의존적인 모양이었다.

"제가 직업상 출장을 자주 다니다보니 집안일은 거의 아내에게 맡길 수밖에 없었지만 밖에 나가 있으면서도 늘 마음이 불안했습니다."

아내는 늘 아이들에게 쩔쩔매고 뭐든 들어주려고 했다. 남편이 아이들은 어릴 때부터 분명한 선을 그어놓고 엄격하게 키워야 한다고 잔소리도 많이 했지만 별로 나아지는 건 없었다고 했다.

그 여학생은 어릴 때부터 고집이 세고 신경질적인 아이였다. 그런데 어머니가 단호하게 대처하지 못하고 항상 끌려다니다 보니 점점 더 자기주장만 내세우는 아이가 된 것이다. 고3이 되면서는 수험 공부에 중압감을 느껴서 더욱 신경질적으로 되어갔고 입맛이 없다며 식사를 거의 하지 않게 되었다. 어머니가 조금만 먹어보라고 애원하고 매달리면 더 심하게 히스테리를 부려 어머니도 딸이 하는 대로 내버려 두었다고 했다.

환자는 공부하다가 불안해지면 냉장고 문을 열어 놓고 닥치는 대로 음식을 먹고 바로 화장실에 가서 토하기를 반복한다고 했다. 그러더니 최근에는 아예 먹는 것 자체를 거부하기 시작한 것이다. 그 대신 학교에서 돌아오는 길에 백화점에 들러 온갖 쓸데없는 물건들을 사들이기 시작했다. 아무것도 먹지 않는 딸이 불쌍해서 어머니가 듬뿍듬뿍 쥐어주는 용돈을 그렇게 쓴 것이다.

입원해 있는 동안에도 어머니는 딸이 답답해서 못 살겠다고 퇴원시켜 달라고 조르면 곧바로 의사에게 달려왔다. 의사가 안 된다고 거절하면 "전 본인에게 얘기 못 하니 선생님께서 말씀해주세요. 뭐든 선생님이 알아서 해주세요."라고 했다가, 조금 있으면 "환자가 저렇게 힘들어하니 차라리 퇴원하는 게 낫지 않을까요." 하고 또 달려오곤 했다.

엄마에게

굴욕감을
자초하는 타입

타인에 대해서 지나치게 희생적인 사람들의 가장 큰 특징은 자신의 기쁨은 염두에 두지 않는다는 점이다. 그들은 남의 도움을 받는 것이 당연한 상황에서조차 모든 걸 혼자 처리하고 감수하려는 성향을 강하게 보인다. 그러면서 자기는 인생의 기쁨을 누릴 자격이 없는 사람처럼 보이는 걸 즐긴다.

이런 사람들은 성장 과정에서 타인에 대한 분노나 공격적인 감정을 제대로 해결하지 못한 경우가 대부분이다. 그리고 그런 감정을 오히려 자기 비하나 자기희생을 통해 감추는 것이다. 그들은 굴욕감을 느끼는 상황을 자초하며 오히려 그런 상황에서 만족감을 느끼기도 한다.

그런 경향은 자녀 양육에도 그대로 나타난다. 그들은 자녀가 무엇을 요구하면 모든 희생을 감수하더라도 들어주려고 한다. 그러면서도 자신은 자녀에게 아무것도 요구하지 않는다. 하지만 아이들은 그런 부모의 태도를 고마워하지 않는다. 오히려 이용하려고 들거나 아니면 부담스러워하며 짜증스럽게 받아들이는 경우가 대부분이다.

어머니의 지나친 희생정신에 진저리를 치는 가족

50대 주부가 불면증과 식욕부진, 정서불안 증세를 호소해 왔다. 증상이 너무 심해서 입원치료가 필요할 정도였는데 그제야 찾아온 것이다. 의사가 입원을 권유하자 그녀는 그럴 형편은 안 된다며 그냥 돌아갔다. 그러나 결국 다음날 집에서 청소하다가 쓰러져서 가족들에 의해 입원하게 되었다.

가족들은 환자가 조용히 쉴 수 있도록 독실을 권했다. 그러나 환자는 지금 고3인 아들 뒷바라지도 힘든데 자신이 그렇게 낭비할 돈이 어디 있느냐며 다인용 병실을 고집했다. 그렇다고 경제적으로 어려운 상황도 아니었다.

가족들의 설명에 의하면 환자는 가족들이 제발 그러지 말라고 애원해도 자기 자신을 위해서는 돈 한 푼 쓰지 않는다고 했다. 그렇게 함으로써 가족을 위해 희생한다고 생각하고 있다는 것이다. 하지만 가족들은 오히려 환자의 그런 태도에 대해 참을 수 없는 짜증을 느낄 때도 많다고 털어놓았다. 남편이 넉넉한 돈을 주며 제발 반듯한 옷 한 벌 사 입으라고 해도 자기는 괜찮다며 친정 언니나 동생에게 옷을 얻어 입었고 음식도 가족들이 남긴 것만 거둬 먹는 식이었다. 가족들이 화를 내면 자기는 그렇게 하는 게 좋으며 가족을 위해 희생하는 것만이 자기의 유일한 기쁨이라고 주장했다.

큰딸이 고3이었을 때에도 그녀는 꼭 저녁밥을 새로 지어서 독서실까지 날랐다. 딸이 부담스러우니 그냥 아침에 도시락 두 개만 싸달라고 해도 막무가내였다. 아들이 고3이 되자 이번에는 아들에게 지극정성을 들였다. 아들이 친구들 보기에 너무 유난스러워서 창피하니까 제발 그만두라고 하자 그녀는 오직 자식들만 바라보고 사는 어미 마음을 왜 몰라주느냐며 눈물을 글썽였다. 아들은 죄책감을 느끼고 어머니에게 사과하지 않으면 안 되었다. 그러나 그런 어머니가 더 부담스러울 뿐이라는 게 아들의 솔직한 고백이었다.

어머니는 아들의 시험 때가 다가오자 합격에 효험이 있다는 절마다 찾아다니며 불공을 드렸다. 집에서도 새벽마다 수백 번씩 절을 하고 나서야 하루 일과를 시작했다. 온종일 쓸고 닦고 저녁이 되면 음식을 장만해서 아들이 다니는 학교로 달려가곤 했다. 그러니 지금까지 버틴 게 신기할 지경이라는 것이 가족들의 말이었다. 하지만 환자는 여전히 "내가 한 게 뭐 있느냐. 더 열심히 뒷바라지하는 엄마들이 얼마나 많은데. 난 지금도 이렇게 누워 있는 게 편치 않다. 집에 할 일이 산더미처럼 쌓였을 텐데" 하고 대답하는 것이 고작이었다.

그러면서 의사에게는 아들 뒷바라지를 해야 하니 빨리 퇴원시켜 달라고 졸랐다.

자녀에게 무관심해 방임하는 타입

뭐든 지나쳐도 문제지만 모자라는 것 역시 문제라는 건 고금의 진리다. 자녀 교육 역시 마찬가지다. 지금까지는 지나치게 자식에게 집착하거나 자식을 위해 희생하는 부모 유형을 살펴보았다. 그와는 반대로 자녀를 지나치게 방임하는 부모 역시 아이에게는 나쁜 영향을 끼친다. 부모는 자녀가 성장할 때까지 그들의 울타리가 되어주고 살아가면서 지켜야 할 규칙과 올바른 가치기준을 가르쳐야 할 의무가 있다. 그러나 부모가 심한 우울증으로 삶의 의욕을 상실하고 있거나 사회 경제적으로 실패를 거듭한 경우, 나태한 경우, 혹은 그와 반대로 자기가 정해 놓은 인생의 목표 성취하는 데에만 너무 골몰한 나머지 아이에게 무관심한 경우, 이 모든 경우에 부모는 자식을 방치하는 태도를 보일 수 있다. 드물게는 자만심에 넘쳐서 '누구 자식인데 잘못되겠냐.'라는 생각에서 아이를 믿는다는 구실 하에 방임하는 예도 있다. 그럴 땐 자기가 마치 굉장히 자유스러운 부모인 것처럼 상황을 합리화하기도 한다.

방임형 부모에게는 공통으로 나타나는 특징이 있다. 자녀와의 사이에 어떤 문제가 생길 때마다 갈등이나 다툼을 피하려고 '네가 다 알아서 하라.'라는 식으로 그냥 내버려 둔다는 것이다. 그러면 아이들은 부모의 관심을 끌기 위해서라도 문제를 일으키는 경우가 많다. 의도적으로 그러기도 하지만 무의식적으로 일을 저지르기도 한다.

부모에게 야단도 맞고 매도 맞고 싶은 학생

이 남학생은 학교에서 자기보다 힘없는 친구들을 때리고 돈을 빼앗곤 했다. 그 사실을 안 선생님께서 정신과 치료를 받아 보라고 부모에게 강하게 권유해서 병원에 오게 된 경우였다.

남학생의 아버지는 밖에 나가면 무골호인이라는 소리를 듣지만, 집에서는 아내를 힘들게 하고 자식을 방임하는 전형적인 스타일의 남자였다. 명문대 출신에 좋은 직장을 다녔으나 친구 보증을 섰다가 일이 잘못되는 바람에 퇴직하고 자영업을 하고 있었다. 친구들이 돈을 빌려 달라고 하면 거절하지 못해 집안 살림은 나아질 틈이 없었고 그의 아내는 남편의 이런 태도에 지칠 대로 지쳐 있었다. 그 와중에도 장남인 이 남학생이 잘 자라주는 것 같아 별다른 관심을 기울이지 않았다. 남편은 '이 애는 날 닮았으니 좋은 대학에 들어가고 친구 관계도 원만할 것'이라며 아들의 일에는 어떤 간섭도 하지 않았다.

하지만, 아내의 표현을 따르자면 남편은 남 일 챙겨주고 다니느라 바빠서 정작 자기 아들 챙길 시간은 없는 사람이었다. 어머니는 자기라도 집안과 아이들을 챙겨야 한다고 생각은 했지만, 남편에 대한 미움과 원망이 너무 커서 살고 싶은 마음조차 없는 형편이었다.

엄마에게

화풀이 삼아 조금씩 술을 마시기 시작한 것이 사태를 더욱 악화시켰다. 주량이 점점 늘면서 아이들이 언제 집에 들어오고 나가는지도 모르게 되었다. 죄책감이 들 때마다 '착한 애들이니 알아서 잘 크겠지'하거나 '잘난 아비가 알아서 하겠지.'하는 자포자기적인 심정으로 얼버무리곤 했다.

그러다가 아들이 고3이 되면서 이래선 안 되겠단 생각에 술도 끊고 아들의 뒷바라지에도 신경을 썼다. 그러던 중 남편이 다시 친구의 은행 빚보증을 섰다가 부도가 나는 바람에 고스란히 그 빚을 떠안게 되고 말았다. 결국 그녀는 다시 술을 입에 대기 시작했고 아들은 또다시 부모의 관심 밖으로 밀려나게 되었다.

"그렇지만 그 애가 그런 일을 저지르리라고는 상상도 못했어요."라고 남학생의 어머니가 울면서 말했다.

"전 바깥일에만 바쁜 아버지도 싫고 그렇다고 매일 술만 마시는 어머니도 지켜왔어요. 내가 자살 시도와 같은 충격적인 일을 저지르면 두 분이 정신 차리고 자식의 존재를 깨닫지 않을까 하는 유혹을 느낀 적도 많아요."

아들은 그렇게 말했다. 하지만, 차마 행동으로 옮기지는 못하고 친구들과 싸움이나 벌이며 울분을 달랬다. 부모의 무관심에 대한 분노, 친구들에게 돈을 뺏는 재미, 친구들을 때리거나 얻어맞을 때 느끼는 자기 파괴적인 감정은 그를 점점 더 난폭한 세계로 몰아갔다.

그 역시 어머니처럼 끝내 울음을 터뜨리며 말했다.

"저도 다른 애들처럼 엄마 아빠한테 야단도 맞고 매도 맞고 싶었어요. 하지만, 우리 부모님은 저한테 단 한 번도 옳고 그른 게 무엇인지조차 가르쳐 준 일이 없었어요."

조기 교육을
맹신하는 타입

자기 아이가 뛰어난 인물이 될 것을 바라지 않는 부모는 없다. 하지만, 극소수의 천재나 정신지체인을 제외하면 대부분의 사람은 평범한 지능을 가지고 태어난다. 그런데도 정말 많은 부모가 자기 아이만은 다르기를 바란다. 바로 이런 바람 때문에 자식을 영재로 키우려고 물불 안 가리는 부모들이 많다.

그럴 때 처음엔 아이들도 스펀지처럼 주변의 자극을 다 받아들이는 것처럼 보여서 부모를 기쁘게 해준다.

실제로 적당한 자극과 학습은 지능 발달에 중요한 역할을 한다. 하지만, 이 적당한 선을 지키지 않는 게 항상 문제를 일으킨다. 지나친 자극은 모자라는 것보다 위험하기 때문이다.

신체적인 성장처럼 대뇌 발달이나 학습 능력도 일정한 발달단계를 거친다. 예를 들어, 7세 이전에는 오른손과 왼손을 구분할 줄 알면서도 거울 속에서는 그것을 구분하지 못한다. 7세 이후가 되어야 유사성에 따라 사물을 구별한다거나 다른 사람의 관점에서 생각하는 능력이 발달한다. 추상적 사고가 가능해지려면 최소 12세가 되어야 한다. 그런 발달 과정을 무시하고 아이에게 일방적으로 여러 가지를 주입하면 아이는 앵무새처럼 따라 할 수는 있지만, 그 이상의 다른 진전은 기대할 수 없다.

우리 사회에 만연하고 있는 조기 교육이나 영재 교육 붐은 단지 부모의 성급한 마음과 경쟁의식이 가져온 결과일 뿐이다. 유치원에 다니는 아이가 영어단어며 구구단을 줄줄 외운다고 좋아하기보다 그것이 아이의 성장 과정에 맞는 자극인지를 냉정히 따져볼 필요가 있는 것이다.

우리 아이만은 특별한 아이로 키우고 싶은데….

어느 날 한 어머니가 다섯 살짜리 유치원생을 데리고 지능검사를 하러 왔다. 아이를 임신했을 때부터 태교를 했으며 외국어는 5세 이전에 배워야 한다고 해서 이미 세 살 때부터 영어를 가르치고 있다고 했다.

"지금은 영재교육 프로그램에 등록시켜서 가르치고 있는데 아이가 제대로 따라 하려고 들지 않는 거예요. 정말 속상해 죽겠어요. 다른 애들은 벌써 한자 숙어까지 외워서 집에 놀러 온 손님들을 깜짝 놀라게 한다는데…."

젊은 엄마는 자기 아이의 지능발달이 늦는 이유를 알고 싶어 했다. 아이는 겁먹은 표정으로 조용히 앉아 있을 뿐이었다. 그 나이에 볼 수 있는 아이다운 활달함이라곤 조금도 없었다. 아이의 하루 일정표를 물어보았다. 그러자 어머니는 아주 자랑스럽게 말을 쏟아 놓기 시작했다.

"아침 8시에 피아노 교습 받고 유치원에 갔다가 1시에 집에 오면 다시 학원에 갔다가 발레학원까지 들러서 와요. 아이에게는 다 좋은 거지만 매일같이 애를 데려가고 데려오려면 엄마인 전 정말 힘들어요. 한 번은 제가 몸이 아파서 시어머니한테 부탁했더니 딱 하루 하시고는 두 손 드시더라고요."

말로는 힘들다고 했지만, 그 표정에는 자기가 아이를 위해 얼마나 뒷바라지를 잘하는 엄마인가 하는 자부심이 고스란히 드러나 있었다.

검사 결과 아이의 지능지수는 평균이었고 불안과 우울 반응은 매우 두드러졌다.

어머니에게 검사 결과를 설명해 주고 아이에게 정서적인 문제가 있을지도 모르는 가능성에 관해 조심스럽게 얘기해주었다. 하지만 어머니는 자기 아이의 지능이 평균치밖에 안 된다는 사실에 충격을 받았을 뿐 다른 얘기는 듣지도 않았다. 다른 곳에 가서 정밀 검사를 더 받아봐야겠단 말만 남긴 채 그녀는 아이를 데리고 총총히 돌아갔다.

엄마에게

2. '빛과 그림자' 부모 역할에 성공하기 위한 12가지 제언

자식의 마음을 움직이는 감동적인 한마디

나의 아버지는 강아지를 무척 좋아하셨다. 누구든 강아지를 주겠다는 사람이 있으면 마다 않고 얻어 오곤 하셨다. 덕분에 집에는 늘 강아지가 서너 마리씩 있었다. 어린 시절의 추억은 나이를 먹을수록 향수를 불러일으키는 모양이다. 지금도 난 길을 지나가다 강아지를 보면 한 번 더 눈길을 주곤 한다. 나의 이런 마음을 아는 어떤 사람이 마르치스 순종이라며 강아지 한 마리를 가져다준 걸 핑계 삼아 나는 다시 한 번 동심으로 돌아가 보기로 했다. 하지만 그게 얼마나 무모한 짓이었는지 깨닫는 데는 그리 오랜 시간이 걸리지 않았다.

우선 항상 일해야 하기 때문에 내 아이 대소변 훈련도 못 시켜본 내가 강아지 대소변 훈련을 시키는 건 보통 힘든 일이 아니었다. 개 변기며 대소변을 유도하는 약이며 모든 수단을 취해 보았으나 결과는 실패로 끝나고 말았다. 강아지를 선물해 준 사람의 성의를 생각해서 키우긴 해야겠기에 난 아예 녀석을 화장실에 가두어 버렸다. 그랬더니 강아지는 화장실에서 잠깐이라도 나올 기회가 생기면 온 집안을 헤집고 다니며 사고를 쳤다. 심지어 손님 안경을 깨뜨린 적도 있었다. 결국 그 뒷감당을 하지 못하고 난 다른 사람에게 강아지를 줘버리고 말았다. 그러다가

한 번 더 해보자는 마음으로 강아지 한 마리를 입양했다. 언제나 병원 일 때문에 바쁜 부모가 없는 시간에 허전해하는 아이들의 좋은 친구가 되기를 바라는 마음에서였다. 첫 번의 실패를 거울삼아 이번에는 잘 키워 봐야지 했는데 역시 결과는 좋지 않았다. 첫 번째 강아지는 너무 가둬서 키우다 실패한 것 같아서 이번에는 자유롭게 내버려두었다. 그러자 식구들이 모두 저를 좋아한다고 생각했는지 너무 버릇이 나빠졌다. 침대에 올라가 오줌을 싸는 일도 생겼다. 난 다시 한 번 실패의 쓴맛을 봐야 했다. 강아지 한 마리 키우는 것도 이렇게 힘든데 하물며 사람 키우는 일이야 말해 무엇 하겠는가 말이다.

이따금 80대 아버지가 60대 아들이 사업에 실패해서 불안하고 우울하다며 찾아오거나 60대 어머니가 40대 딸의 가정 문제를 상담해 오기도 한다. 그럴 때마다 대체 부모와 자식 간이란 얼마만큼 힘들고 또 얼마나 끈끈한 사이인가 하는 생각을 하게 된다. 어떤 사람들은 내게 '자식의 마음을 움직일 수 있는 감동적인 한 마디'를 해 달라고 요구하기도 한다. 그럴 땐 한숨이 절로 나온다. 사람 마음이 그렇게 말 한마디로 움직여진다면 얼마나 간단하고 쉽겠는가.

부모 노릇 신나게 하는 12개의 제언

변화는 하루아침에 기적처럼 찾아오지 않는다. 자녀교육도 마찬가지다. 중요한 것은 시행착오를 거듭하면서도 포기하지 않고 그 방법을 모색해 보는 것뿐이다. 그러다 보면 언젠가는 자기 자신과 자녀에게 맞는 교육 방법을 스스로 찾아낼 수 있지 않을까? 다음에 기술하는 '12가지 제안'이 약간의 길잡이라도 될 수 있으면 좋겠다.

● 부모 역할 – 적절한 빛과 그림자에 있다

문제가 있는 청소년과 그 부모들을 상담하면서 때로는 나 자신도 감당하기 어려운 부모를 만나는 경우가 있다. 사사건건 아이 일에 간섭하고 야단치고 오로지 자기만 옳다고 주장하며 누구의 말에도 귀를 기울이려 하지 않는 부모, 혹은 반대로 아이에게 의존적이어서 매달리고 애원하고 네가 옳다며 아이에게 끌려다니기만 하는 부모를 만나면 나 역시 감당하기 어렵다.

나는 단 몇 십분 상대하는 것도 이렇게 힘든데 하루 24시간을 매일 함께 살아야 하는 저들의 아이들은 오죽할까 싶어 환자에게 동정심이 생기곤 한다. 그런 부모일수록 가족 치료에는 저항감을 표시한다. 어떤 식으로든 자신들의 문제가 드러나기를 원치 않는데다 드러난다고 해도 결코 고치려 하지 않기 때문이다. 환자의 병이나 치료하면 됐지 가족 문제까지 거론할 필요는 없다는 것이다. 환자의 병과 가정환경은 서로 밀접한 연관이 있다고 아무리 설명해도 소용없다. 그 결과 환자는 퇴원하고 난 후에 또다시 같은 문제에 휘말리게 되고 부모는 그런 환자만 탓하며 이 병원 저 병원을 전전하는 악순환을 되풀이하게 되는 것이다.

한 어머니가 아들을 데리고 찾아왔다. 아들은 정신분열증을 앓고 있었다. 성격은 내성적이었지만 고 1까지는 공부도 잘하는 모범생이었는데 2학년이 되면서 성적이 떨어졌고 그다음부터 이상한 행동을 보이기 시작하는데 가족으로서도 감당할 수가 없어서 병원을 찾은 것이다.

경제적으로도 넉넉하고 사회적 명망도 있는 집안의 주부인 어머니는 자기 아들이 그런 병에 걸렸단 사실을 견딜 수가 없었다. 아는 의사에게 집으로 왕진을 와달라고 부탁해보았지만, 환자의 상태를 보고 난 의사는 다른 병원에서 입원 치료를 해야 한다고 단호하게 말했다. 할 수 없이 아이를 다른 병원에 입원시킨 어머니는 사사건건 치료에 간섭하기 시작했다. 자기가 아는 의사 이야기로는 이렇게 해야 한다고 했는데 당신은 왜 저렇게 하느냐부터 시작해서, 약물 중에 어떤 것은 부작용이 있다는 얘기를 들었는데 혹시 그 약을 투여하는 건 아닌가에 이르기까지 의사를 참 힘들게 했다.

그러더니 하루는 어머니가 환자를 외출시켜 달라고 병원에 요구했다. 이유는 알 필요 없고 책임도 그녀가 지겠다며 막무가내로 우긴 것이다. 병원 측에서는 아직 그럴 시기가 아니라며 설득했지만 결국 그녀는 자기 아들은 자기가 더 잘 안다며 환자를 데리고 나가버렸다.

외출에서 돌아온 환자의 증세는 더욱 악화하여 있었다. 병원 측은 나중에 그의 얘기를 듣고 아연실색했다. 어머니가 환자에게 절대 비밀을 지키라고 하며 데리고 간 곳은 집창촌이었다. 그녀는 아들이 성욕을 충족시키지 못해서 병이 생긴 거라고 판단하고 어이없는 일을 저질렀던 것이다.

어렵게 성사된 가족 치료에서 환자와 그 형제들은 평소 어머니의 독선적인 태도 때문에 언제나 끔찍한 기분이었다면서 한 목소리로 어머니를 비난했다. 그러자 어머니는 자식에게 어머니를 비난하게 만드는 치료를 받게 할 수는 없다며 환자를 퇴원시켜서 다른 병원으로 데려가 버렸다. 그 후 환자는 어머니에게 끌려서 이 병원 저 병원을 전전하고 있다는 소식이다.

이 글을 읽으면서 세상에 설마 그런 어머니가 있을까 하고 생각하는 독자도 많을 것이다. 하지만 상담을 진행하다 보면 자녀를 올바른 길로 이끌고 있다는 합리적 핑계로 오히려 그들을 숨 막히게 하고 있는 부모는 수도 없이 많다. 그런 부모들을 볼 때마다 난 부모 역할의 '빛과 그림자'에 관해 생각해 본다. 어느 교육학자가 이런 말을 한 적이 있다. "자녀가 내리는 가장 옳은 선택은 부모의 눈치를 보지 않고 스스로 하고 싶은 것을 하는 것이다." 난 이 말에 전적으로 동감한다. 그림자처럼 숨어서 자녀가 스스로 빛나게 도와주는 것이, 그리고 자녀가 발하는 빛은 아이 자신의 선택과 노력의 결과였단 사실을 지켜봐 주는 것이 진정한 부모의 역할이다. 하지만 어떤 부모들은 아이가 걸어가는 길에 심할 정도로 자신의 발자국을 남기고 싶어 한다. 그리고 아이들이 한 걸음씩 내디딜 때마다 자신이 아이를 이끌어 주고 있단 사실을 상기시킨다. 그 결과 부모의 빛이 너무 강해서 아이들은 그 그늘로 숨어 버리게 된다. 적절하게 빛과 그림자가 되어 주는 것. 그거야말로 부모 역할의 제 1조가 되지 않을까.

엄마에게

● 모형화 – 결국 자식은 부모를 닮는다

어렸을 때 아버지가 술 마시고 행패 부리는 모습을 보며 자란 아이들은 '나는 커서 절대로 아버지 같은 사람이 되지 않을 거야' 하고 결심한다. 그러다 어느 날 그토록 혐오하던 아버지와 똑같이 술 마시고 주정하는 어른이 된 자신의 모습을 보고 절망하게 된다.

이런 현상을 정신과 용어로는 '공격자와의 동일시'라고 하는데 마음속으로 자신이 분노와 적대감을 지니고 있는 사람과 자신도 모르게 닮아 가는 과정을 말한다. 그런 일은 흔하게 일어나고 있다.

아이들은 부모를 보면서 배운다. 부모가 화가 났을 때 어떻게 행동하는지를 보며 분노를 표출하는 법을 배우고, 부모가 언제 술을 마시고 약물을 복용하는지를 보며 술과 약물을 배워 간다. 그들은 부모가 어떻게 법을 지키는지 보면서 법에 따라 사는 방법을 배운다. 청소년기에 겉으로는 부모의 모든 것을 거부하는 것처럼 보이면서도 사실은 고스란히 부모의 모든 걸 배워 나가는 것이다. 부모가 무심코 내뱉은 한 마디, 행동 하나가 그들에게는 수백 마디의 미사여구보다 더 큰 영향을 미치는 것이다.

부모의 행동은 아이가 주체성을 키워나가는 시기에 가장 큰 영향을 미친다. 아이에게 무엇이 옳은지 그른지를 보여 주는 모델이 되는 것이다. 부모가 아이를 바르게 키우기 위해서는 세 가지 'L'이 필요하다는 말이 있다. Love(사랑), Limits(행동의 제한과 경계), Let them go(아이가 정신적으로 부모에게서 독립하도록 하는 것)의 세 가지다.

우리는 아이를 사랑해야 하지만 때로는 단호한 모습도 보여주어야 한다. 아이들이 잘못된 길로 나가려고 하면 바로잡아 주어야 하는 것이다. 흔히 정신과 의사로서 환자와 면담할 때 어떻게 얘기를 이끌어 가느냐는 질문을 받는데 그럴 때마다 난 이렇게 대답한다.

"부드럽지만 단호하게."

이건 부모 자식 간에도 똑같이 적용되는 말이다. 우리는 아이들을 격려해 주고 도와주되 분명한 원칙을 세워둘 필요가 있다.

예를 들어, 어른들이 흔히 아이들에게 저지르는 횡포 가운데 '만만한 사람에게 화내기'가 있다. 엉뚱한 사람에게 화풀이하는 일은 우리 주변에서 너무도 자주 일어난다. 남편은 상사에게 당한 분풀이를 집에 돌아와서 아내에게 하고, 아내는 아이를 괜히 야단치는 것으로 화를 푼다. 아이는 아이대로 인형이나 강아지를 한 대 쥐어박는 것으로 분풀이한다. 이런 분노의 전달과정을 보면서 아이들은 어른들이 분노의 감정을 어떻게 해결하는지 은연중에 배우게 된다. 그러다 보면 어른들이 아무리 인내심을 가지라고 가르쳐도 무시하게 되는 것이다.

● 한계 짓기 – '이번 한 번만'에 끌려다니지 마라

아이를 키울 때 가장 큰 영향을 끼치는 건 바로 우리 자신이 어린 시절 부모에게 받은 경험이다. 예를 들어 부모가 너무 엄격했거나 거꾸로 자식을 방임해서 키웠을 때 그와는 반대로 아이를 키우고 싶어 한다.

어릴 때 부모에게 맞으며 자란 사람은 내 자식에겐 절대로 매를 들지 않겠다고 다짐한다. 하지만 매를 들지 않고 아이를 어떻게 키워야 하는지 모르기 때문에 자신의 태도에 대한 확신은 없다. 이럴 때 아이들이 반항하거나 기대에 미치지 못하면 부모는 쉽게 낙담한다. 이런 일은 겉으로 보기에 모든 게 잘 유지되고 있는 훌륭한 가정에서도 일어난다.

우리의 목표는 가족이 한 팀으로 행동하고 화합하는 그런 가정을 만들어 나가는 것이다. 그러기 위해서는 아이들에게 분명한 규칙을 가르칠 필요가 있다. 그 규칙 아래서 가족이 서로 대화하고 합의점을 찾아 문제를 해결해 나가야 한다.

가장 중요한 건 아이들이 그 규칙을 따르고 스스로 자기 조절을 할 수 있게 만드는 일이다. 예를 들어서 아이가 부모의 경제적 능력을 넘는 비싼 옷이나 신발을 사달라고 조를 땐 어떻게 해야 할까? 만일 졸라대는 게 귀찮아서 아이가 원하는대로 사준다면 집안 경제에 타격을 입는 것은 물론 아이는 참는 버릇을 배우지 못하게 된다.

그리고 이렇게 조르는 게 점점 심해지다 보면 언젠가는 부모의 능력으로 감당할 수 없는 날이 찾아오게 마련이다. 그러면 참는 법을 배우지 못한 아이는 원하는 걸 가지려고 도둑질을 할 수도 있다.

경찰서에 붙잡혀 있는 아이를 붙잡고 '내가 왜 좀 더 일찍 훈련을 시키지 않았을까?' 하고 후회한들 아무 소용없다.

음식점에 가면 복도를 뛰어다니는 아이들을 쉽게 볼 수 있다. 얼마 전에는 비행기 안에서 형제가 서로 치고받고 싸우며 이리저리 뛰어다니는 걸 본체만체하는 부모를 본 일도 있다.

자기 조절이 안 되는 이런 아이들은 어떤 방식으로건 부모를 설득하려고 드는 게 보통이다. 처음에는 '안 돼' 하고 단호하게 말하던 부모들도 아이들이 계속 조르면 '이번 한 번만'이란 단서를 붙여서 아이들이 원하는 대로 해준다. 하지만 '이번 한 번만'은 결국 그다음으로, 또 다음으로 이어진다. 그럴 땐 부모가 좀 더 단호한 모습을 보여야만 한다. 만일 부모로서 아이들에게 좀 더 단호하게 규칙을 가르치지 않는다면 그건 아이들이 인생을 배울 기회를 박탈하는 것이나 다름없다. 우리는 부모로서 아이들에게 이렇게 말할 수 있어야 한다.

"우린 네가 규칙을 배우고 지키며 살아가기를 바란다. 그건 네가 나중에 어른이 되어서 어떤 선택을 해야 하는 경우가 생길 때 최선의 결정을 내릴 수 있게 도움을 줄 거야. 우린 널 사랑하기 때문에 네가 그러기를 진심으로 바라고 또 그렇게 할 수 있도록 도와주는 거야."

아이들은 사랑받고 있다는 믿음만 있으면 부모의 말을 따른다. 그리고 어른이 되었을 때 어떻게 목표를 세워야 할지도 알게 되며 실패도 두려워하지 않게 되는 것이다.

또 한 가지, 아이들의 행동에서 단호한 한계를 긋기 위해서는 부부 관계가 공고해야 한다. 부부 사이에 문제가 있으면 자녀 교육의 방향도 일치되기 어렵고 따라서 자녀들에게 일관된 태도를 보이기 어렵기 때문이다.

엄마에게

● 성장기에 부모에게 받는 사랑이 평생을 좌우한다

부모의 가장 큰 의무 가운데 하나는 아이가 스스로 자기 자신에 대해 좋은 감정을 지니도록 도와주는 것이다. 그러기 위해서 부모는 항상 아이들이 선하고 훌륭하고 사랑받을 가치가 있는 존재란 사실을 말해주어야 한다. 우리의 어린 시절로 돌아가 보자. 우리 역시 그 시절에 얼마나 부모에게서 많은 칭찬과 사랑을 기대했던가. 우리가 그렇게 원했던 것처럼 우리 아이에게 해줄 수만 있다면 얼마나 좋을까!

부모는 언제나 아이를 격려할 준비가 되어 있어야 한다. 아이들이 부모의 사랑을 얻기 위해서는 뭔가를 해야 한다는 부담감을 느끼게 해서는 안 된다. 아이들이 뭔가를 할 줄 모른다면 그건 아직 배우지 않았기 때문일 가능성이 가장 크다. 그런데도 우린 너무나 많은 걸 너무 빨리 기대하고 있지 않은가? 가르쳐 주지도 않고 왜 못하냐고 닦달하고 있는 건 아닐까?

아이에 대한 기대가 지나치게 큰 부모는 아이가 기대치에 못 미치면 쉽게 실망하고 아이를 비난하거나 화를 낸다. 이럴 때 아이들은 부모의 말을 그대로 받아들이고 스스로 못난 아이라는 자기 비하의 감정에 빠지기 쉽다. 자식을 사랑하지 않는 부모는 물론 없다. 단지 칭찬과 격려에 익숙지 않은 것뿐이다. 그런 부모들은 격려나 칭찬이 마치 아이들을 망치기라도 하는 것처럼 인색하게 군다.

하지만 결국 아이들이란 '사랑으로 크는 나무'란 사실을 떠올려보면 결코 그렇게 행동해서는 안 되는 것이다.

● 아이의 감정 표현을 도와주고 대화를 이끌어 내라

부모는 아이들이 어떤 문제를 가지고 있던 그 문제를 해결하기 위해서는 부모의 도움이 절대적으로 필요하단 사실을 이해하고 있어야 한다.

아이들은 부모가 자기의 감정 표현을 억누르거나 조롱한다고 느끼면 문제가 감당할 수 없을 만큼 커지기 전까지는 결코 문제를 털어놓으려 하지 않는다. 심지어는 털어놓는 게 두려워서 차라리 가출 하거나 자살을 시도하는 아이들도 있다.

아이의 감정 표현을 도와준다는 건 별다를 게 없다. 아이 역시 부모에게 화낼 권리가 있음을 인정하고 그들이 '이런 말을 했다가 야단맞지 않을까?' 하는 두려움 없이 생각을 털어놓을 수 있는 자유를 인정하는 것이다. 그러자면 먼저 가족이 한자리에 모여 무슨 이야기든 허심탄회하게 대화할 수 있는 분위기를 만들어 주어야 한다. 이때 부모가 듣기 편한 이야기만 하도록 유도하는 긴 진정한 대화법이 아니다.

가족 문제는 가족 구성원 모두가 분노와 두려움, 혹은 그 어떤 감정도 가족 간의 사랑과 보호의 감정보다 우선할 수 없단 사실을 서로 인식하고 있을 때 해결 가능한 것이다.

부모는 아이에게 매일 그날 어떤 일이 있었으며 그들이 그 일을 어떻게 해결했는지 물어봄으로써 아이들이 자신의 문제를 해결해 나가는 것을 도와줄 수 있다. 대부분 아이는 신기할 정도로 스스로 해결 방법을 찾는다. 그러나 문제나 상황에 따라서는 부모가 보다 단호한 결정을 내려 주어야 할 때도 있다.

엄마에게

그리고 가족 전체에 영향을 미치는 중대사안을 결정할 때는 아이도 동참시키는 것이 좋다. 최종적인 결정은 물론 부모가 내리겠지만, 아이들은 자신이 책임 있는 가족 구성원이란 사실에 뿌듯함을 느낄 것이다.

● 완벽한 부모 노릇에 대한 환상을 버려라

머릿속으로는 자녀 교육을 어떻게 해야 할지 누구나 알고 있지만 매 순간 완벽한 부모 노릇을 할 수 있는 사람은 아무도 없다. 아이를 위한다고 한 행동이 아이에게 거부당했을 때 분노와 절망의 감정을 느껴 보지 않은 부모 또한 없을 것이다.

우리의 일상생활을 지배하는 것은 이성이 아니라 감정이다. 이성은 자신을 속일 수 있으나 감정은 속이지 못한다. 어떤 방법으로 기만하든 언젠가는 반드시 고개를 내밀고 마는 것이 감정이기 때문이다.

게다가 부모 역시 문제를 지니고 있는 한 인간일 뿐이다. 물론 자녀 교육에서 완벽하기를 바라지만 그건 인간의 한계를 넘어서는 일이다. 믿음이 두터운 종교인들에게서 정신적 문제를 더 많이 발견하게 되는 것도 그들이 완벽함을 추구하기 때문이다. 그러니 인간의 한계를 겸허하게 받아들이는 일이야말로 또 다른 인격 성숙의 한 징표가 아닐까 하는 것이 내 생각이다.

부모도 인간인 이상 아이에게 본의 아니게 상처를 입힐 수 있고 정서적으로 필요한 도움을 주지 못할 수도 있다. 또 어쩌다 보면 아이들을 조롱할 수도 있다. 때로는 지나치게 아이들을 지배하려고 들 수도 있다.

그렇다면 이런 부모들은 전부 다 잘못된 인간일까? 결코 그건 아니다. 아이들은 평소 부모에게 충분한 사랑과 이해를 받고 있다는 걸 알면 부모가 순간적으로 분노를 터뜨려서 받게 되는 작은 상처는 스스로 치유할 줄 아는 능력도 지니게 된다. 문제가 되는 건 단지 부모의 그런 태도가 지속적으로 나타날 때뿐이다.

세상에 완벽한 인간, 완벽한 부모가 없는데 완벽한 자녀는 더더욱 있을 수 없다. 그러므로 부모 자신이 '완벽 증후군'에 걸려 있는 사람이라면 먼저 그 환상에서 깨어날 필요가 있다.

자신의 실수를 용납하지 못하는 사람은 다른 사람의 실수도 너그럽게 받아 주지 못한다. 이런 부모는 아이에게 쉽게 정신적 상처를 입힐 수 있다. 부모가 건강한 의식의 소유자라면 자기 자신이나 아이가 실수했을 때 용서할 줄 아는 용기와 같은 실수를 반복하지 않으려고 노력하는 의지가 있게 마련이다. 그리고 같은 실수를 했더라도 지난번보다 조금 가벼워지면 그만큼 여유를 갖고, 자기 자신이나 아이에게 너그러운 미소를 보낼 수만 있다면 그것으로 충분한 것이다.

● 아이다워야 할 권리를 인정하라

아직 성장 과정에 놓여 있는 아이들 역시 우리가 어른으로서의 권리를 갖는 것처럼 그들의 권리를 가져야 한다. 아이들은 누구나 어린 시절에 즐겁게 뛰어 놀 권리가 있다. 성장하면서 발달 단계에 맞게 학업과 집안일에 대해 책임과 의무를 부여할 필요는 있지만 아이다운 즐거움을 상실할 정도가 되어서는 안 된다. 그게 곧 바른 부모 역할이기도 하다. 아이들은 태어난 이상 누구나 다음과 같은 권리를 가진다. 그리고 그 권리를 인정하고 손상 받지 않도록 보살피는 건 어른의 의무이다.

첫째, 성장기 자녀는 부모로부터 자신들이 생존하는 데 필요한 육체적 필요 사항, 즉 의식주의 도움을 받을 권리가 있다.
둘째, 신체적 손상으로부터 보호받을 권리가 있다.
셋째, 정서적 손상으로부터 보호받을 권리가 있다.
넷째, 부모로부터 사랑과 관심과 애정을 받을 권리가 있다.
다섯째, 부모로부터 윤리적으로 도덕적인 교육을 받을 권리가 있다.
여섯째, 아이로서 즐겁게 뛰어놀 권리를 가진다.

그러나 어떤 가정에서는 부모가 자신들의 역할에 충실하지 못함으로 인해서 (예를 들어 부모가 알코올 중독이거나 약물 중독인 경우, 배우자와 이혼이나 사별한 경우, 만성적인 병을 앓고 있는 경우 등) 거꾸로 아이들이 부모를 정신적으로 신체적으로 돌보아야 하는 경우가 있다. 이때 아이들은 어른이 아니므로 결코 성인처럼 제대로 구실을 할 수 없다. 그러나 아이들은 그 사실을 이해할 수 없으므로 자신이 무능력하다고 느끼고 죄책감을 갖게 된다.
이런 감정은 아이로 하여금 자신의 주체성과 능력에 대해 깊은 혼란을 느끼게 한다. 따라서 그들의 인생에 지울 수 없는 외로움과 박탈감을 심어 주게 되는 것이다.

또 하나 아이의 아이다운 권리를 인정하려면 그들의 건강한 반항을 수용해야 한다는 것이다. 생후 5개월을 전후해서 3세까지 아이들이 부모와 자신이 별개의 독립체임을 깨닫고 한 개체로서 자기 자신을 찾아 가는 과정은 인격 발달에 상당히 큰 영향을 미친다. 이때부터 아이는 끝없이 자기 정체성을 찾기 위해 노력하고 부모에게서 떨어져 나가려는 시도를 계속한다. 이때 부모가 그 성장 과정을 이해해 주는 것이야말로 아이다움을 위한 또 하나의 권리를 인정하는 것이다.

그러나 이때 부모가 그것을 이해하지 못하고 폭군적인 태도를 보이면 아이들이 취하는 행동은 두 가지이다. 항복하든지 반항하는 것이다. 어느 쪽이든 아이의 건강한 정신 발달을 방해하기는 마찬가지이다. 아이가 부모의 의사에 반하는 행동을 한다고 해서 꼭 부모로부터 자유로워지는 것은 아니기 때문이다. 이들은 단순히 반항하기 위해 자신이 진정으로 원하는 것을 무시하거나 자신의 자유의지까지 거부하기도 한다. 그리고 그런 노력은 언제나 바람직하지 않은 결과를 낳게 마련이다.

사실 가족만큼 나이, 성격, 학벌의 차이가 나는 집단은 드물다. 어른은 어른답고 부모는 부모답고 아이는 아이다움을 인정할 때 비로소 우리는 아이들의 건강한 반항도 포용할 수 있지 않을까.

● **부모의 이중성은 아이를 혼란에 빠뜨린다**

부모 역시 어느 정도는 교육 방침이 일정하지 않을 수 있다. 어느 날은 이게 옳다고 말했다가 다음 날은 저게 옳다고 말할 수도 있다. 하지만, 이런 경향이 어느 한순간에 끝나지 않고 지속될 경우엔 문제가 된다. 아이들은 대체 어느 쪽이 옳은지 어리둥절하고 갈피를 잡지 못하기 때문이다.

예를 들어, 어머니들은 보통 입으로는 자립심을 키워야 한다고 늘 주장한다. 그러다가도 아이가 이제부터 독서실에서 공부하겠다고 하면 갑자기 다음과 같이 말한다.

"네가 집에 없으면 엄마는 불안해. 독서실에 가다가 차 사고라도 나면 어떡하니? 나쁜 아이들이 괴롭히면? 아무래도 안 되겠다."

이처럼 부모가 말로 하는 메시지와 행동으로 하는 메시지가 다른 것을 '이중 구속'이라고 한다. 이중 구속의 문제점은 성장기 자녀에게 부모가 진정으로 전하고자 하는 메시지가 무엇인지 알 수 없게 함으로써 아이들을 혼란에 빠뜨린다는 점이다.

이런 예는 얼마든지 있다. 부모는 '참는 법도 배워야 한다.'라고 말하면서 아이가 이것저것 해달라고 조르면 아이의 기를 죽이지 않기 위해 혹은 졸라대는 것이 귀찮아 아이가 원하는 대로 다 해주고 만다.

이런 때 혼란에 빠진 아이는 그렇다고 "엄마가 진짜 바라는 게 뭐예요? 하고 물어보지도 못한다. 부모는 그런 질문을 자신에 대한 도전으로 받아들여 용납하지 못하기 때문이다. 이런 이중 구속은 아이들이 대인 관계에서 명확한 의사소통방식을 배우는 것을 방해한다. 따라서 아이들이 건강한 사회인으로 적응할 기회도 그만큼 제한하는 것이다.

● 언어폭력이 아이를 더 아프게 한다

가정 내에서 빈번히 일어나고 있는 아이들에 대한 신체적 학대나 폭력에 대해서 사회적 관심이 많아지는 건 바람직하다. 그러면서도 사회적으로 여전히 언어폭력에 대해서는 너그러운 것 같아 안타깝다.

언젠가 이런 글을 본 일이 있다.

"매를 맞으면 온몸에 멍이 들지요. 모두 그걸 보고 마음 아파합니다. 하지만, 모욕을 당하고 욕을 먹으면 마음의 상처로 미칠 듯이 괴로운데 그건 눈에 보이지 않기 때문에 누구도 상관하지 않습니다. 그러나 아무리 큰 몸의 상처도 마음의 상처보다는 빨리 치유되는 법입니다."

이 글을 읽으며 참 많은 공감을 했다.

부모들이 하는 가장 큰 실수 중 하나는 가장이 자기만의 방식으로 가족 구성원 모두를 다룰 수 있다고 생각하는 것이다.

많은 가정에서 아이들을 조롱하고 멸시하는 일이 아무렇지 않게 받아들여지고 있다. 이때 부모들은 그것이 아이의 장래에 얼마나 어두운 그림자를 드리울지는 고려하지 않는다.

물론 때때로 부모는 아이들을 야단칠 때 경멸적인 언사를 사용할 수도 있다. 그렇다고 그것이 모두 언어폭력은 아니다. 그러나 만에 하나 아이들의 용모나 학습 능력 등 인간으로서의 가치에 대해 위협적인 말을 자주 사용한다면 그건 분명한 언어폭력이다.

어떤 부모들은 직접적으로 대놓고 욕을 해댄다.

"이 병신아! 천하에 한심한 놈아, 너 같은 게 살아서 뭐하니?"

그런가 하면 좀 더 교묘하게 멸시하고 조롱하는 때도 있다.

"야! 너 그 옷 아주 근사해 보인다. 그렇게 입으니까 꼭 광대 같구나."

그러다 아이가 뭐라고 항의를 하면 농담도 못하냐고 얼버무리고 만다.

다음은 어머니의 언어폭력에 무방비로 노출된 고등학교 2학년 여학생
이 하소연한 내용이다.

그녀는 공부를 잘하는 모범생이었다. 그런데 발표 시간만 되면 지옥을 경험하는
기분이 들었다. 발표 하려고 자리에서 일어서기만 해도 벌써 가슴이 두근거리고
발표가 끝나고 자리로 돌아온 뒤에도 친구들이 자기를 비웃는 것만 같아서 견딜
수가 없었던 것이다.

밤에 침대에 누우면 낮 동안 친구며 가족들이 한 말이 생생하게 떠오르는데 한
결같이 자기를 비웃는 말들 같아서 미칠 것 같다고도 했다.

이 여학생은 세 자매 중 둘째딸이었는데 어머니나 언니 동생처럼 예쁘지가 않았
다. 그런데 어머니가 그걸로 자매들 앞에서 자주 놀려댔다. 아마도 어머니는 자
기 딸이 못생겼단 사실을 받아들이기 어려워서 무의식적으로 딸에게 공격적인
언사를 쓴 것 같다.

"얘, 쟤 좀 봐라, 어쩜 저렇게 못 생길 수가 있니? 아무래도 병원에서 애가 바뀐
것 같아. 드라마에서 보면 병원에서 실수로 아이가 바뀌는 경우가 많잖아. 나도
아무래도 친자 확인 소송 좀 해봐야겠다. 만일 정말 바뀐 거면 예쁜 내 딸도 찾
고 보상금 받아서 옷도 좀 해 입어야 하겠다."

이쯤 되면 아이더러 죽으라는 말이나 다름없는데도 어머니는 예사로 그런 말들
을 쏟아 놓았다. 한 번은 참지 못한 딸이 마구 대든 적이 있는데 "엄마가 딸한테

농담도 못하니? 계집애 심보가 그리 좁아터져서 결혼하면 어떻게 남편 비위 맞추고 살래?" 하더라는 것이다.

어머니는 아직 자기 자신에 대한 확고한 이미지가 형성되지 않은 딸이 어머니의 평가를 있는 그대로 받아들인다는 걸 놓친 중대한 실수를 하고 만 것이다.

부모들은 흔히 별생각 없이 "보육원에서 데려온 아이"라든가 "말 안 들으면 다리 밑에 내다 버린다."라는 말을 아이에게 한다. 그러나 대부분의 아이가 그런 말을 들으면 악몽을 꾼다는 보고가 있다는 사실은 모를 것이다. 어떤 부모들은 아이들을 교육한다는 핑계로 언어폭력을 일삼는다. 이런 언어폭력은 교육과 훈련이라는 가면으로 위장돼 있어 부모는 그것이 얼마나 아이의 마음을 파괴하는지 전혀 모르는 경우가 많다.

역시 고2 여학생이 우울증으로 입원하게 되었다.

그녀는 공부도 잘하고 특히 미술에 소질을 보여서 미술 선생님의 사랑을 듬뿍 받았다. 하지만, 그녀 자신은 왜 선생님께서 자기를 예뻐하는지 이해할 수 없었다. 그녀가 보기에 자기 그림은 언제나 엉망이었던 것이다. 선생님은 그녀에게 미술대학에 진학할 것을 권했다. 고민스러워진 그녀가 집에 와서 그 얘기를 했더니 어머니의 대답은 "그 선생님 눈이 삐뚤어진 거 아니냐? 너 같은 애더러 미술을 전공하라니 동네 개가 웃겠다."였다.

그녀는 어머니의 판단이 옳다고 생각했다. 사업 수완에서부터 항상 아버지보다 어머니의 판단이 옳은 것을 보며 자라왔기 때문이다.

엄마에게

마침내 딸이 우울증으로 입원하게 되자 그 어머니는 딸 앞에서 울면서 이렇게 말했다.

"난 칭찬을 해주면 네가 거만하고 게을러질까 봐 그랬던 것뿐이야. 엄마 마음을 그렇게 몰랐니?"

● 신체적 폭력은 절대 용납될 수 없다

부모가 아이에게 어느 정도 매를 드는 것이 신체적 폭력인가에 대해서는 사람마다 의견이 다를 수 있다. 영국 속담에 '매를 아끼면 아이를 버린다.'라는 말이 있는데 이 말은 부모 대부분에게 하나의 원칙처럼 받아들여지고 있다.

1974년 미국에서 정해진 '아동학대방지법'은 자녀에 대한 신체적 폭력을 다음과 같이 규정하고 있다.

"자녀의 몸에 멍, 화상, 채찍 자국이나 자상, 뼈나 두개골의 골절 같은 결과를 남길 수 있는 신체적 처벌을 말하며 그 방법으로는 발로 차거나 주먹으로 때리거나 물건이나 막대기로 때리거나 칼로 찌르거나 벨트로 때리거나 물속에 집어넣는 것 등을 말한다."

실제로 내가 상담했던 한 아이는 아버지가 야단을 칠 때마다 "매 맞고 죽을래, 아니면 물에 얼굴 처박고 숨 막혀서 죽을래?" 하고 협박했다고 털어놓았다.

정신과 의사로서 난 이런 신체적 폭력은 어떤 상황에서도 용납 돼서는 안 된다고 생각한다. 가정 폭력은 폭력 그 자체를 합리화하고 폭력에 무감각하게 만듦으로써 사회적 폭력마저 조장하기 때문이다.

물론 아이를 키우면서 아이를 때려주고 싶은 충동을 단 한 번도 느껴보지 않은 부모는 한 사람도 없을 것이다. 하지만, 대부분의 부모들은 그 충동과 힘들게 싸워 이김으로써 아이에게 신체적 폭력을 사용하는 지경까지 이르지 않고 문제를 해결한다.

그런데 정작 더 심각한 건 아이들이 뭔가를 잘못해서가 아니라 다만 부모 자신이 정신적 육체적으로 피곤하거나 불안해서, 혹은 우울해서 자기감정을 이기지 못하고 무작정 아이를 때리는 경우이다. 이렇게 주기적으로 아이들을 구타하는 부모는 자신의 충동을 조절하는 데 실패하고 있는 경우가 많다. 그들은 뭔가 내부로부터 쏟아 내야 할 비생산적인 충동을 느낄 때 아이들을 때림으로써 그 충동을 해결하려 한다. 아이들의 상태는 전혀 고려대상이 되지 않으며 단지 스트레스 푸는 방법의 하나로 아이를 구타하는 것이다.

이런 부모는 어릴 때부터 맞고 자란 경우가 많다. 그들의 부모가 때리는 부모의 전형을 보여주었고 그들 자신은 부모가 자기감정(특히 분노)을 폭력적으로 쏟아내는 배출구라고 여기며 자라온 것이다.

신체적 폭력을 남용하는 부모 중에 알코올이나 약물중독인 경우도 많다. 이때 부모 중의 어느 한 쪽(대부분 아버지인 경우가 많지만)의 신체적 폭력을 그냥 내버려두는 어머니(혹은 아버지) 역시 수동적이라는 게 조금 다를 뿐 똑같은 범주에 든다는 것이 내 생각이다. 그들은 두렵고 무서워서, 혹은 더 끔찍한 결과를 가져올까 봐 말리지 못했다고 호소하지만, 사실은 아이 편에 서서 저항을 했다가 배우자의 사랑을 잃고 싶지 않다는 욕구가 더 강하게 작용하는 것뿐이다. 그러나 자녀를 유기하고 있다는 점에서는 폭력을 행사하는 사람이나 그 모습을 지켜보는 배우자가 모두 같은 셈이다.

이러한 부모 아래서 자라는 아이들은 성인이 되어도 심한 열등감에 시달리고 자기 확신을 하지 못한다. 따라서 지속적이고 진정한 인간관계를 맺지 못하고 하루하루를 알 수 없는 분노의 감정을 품은 채 살아가는 것이다.

● 밀물과 썰물이 교차하는 가정이라는 바다

가족은 단순한 구성원의 집합체가 아니라 하나의 계통기관이라는 개념이 근래에 들어 정신과의 가족 치료에 폭넓게 응용되고 있다. 그 내용을 좀 더 자세히 살펴보면 다음과 같다.

첫째, 가족은 구성원 개개인을 초월한 공동체적 계통이다.

둘째, 가족은 그 자체의 평형을 유지하며 발전하는 것이다.

셋째, 가족이란 계통은 연쇄적. 순환적 상호작용의 구조를 가지며 개인의 변화는 가족 전체의 변화를, 가족 전체의 변화는 반대로 개인의 변화를 가져온다.

넷째, 가족에는 균형 상태를 유지하기 위한 법칙이 존재한다.

이런 가족 속에는 언제나 사랑, 질투, 미움, 기쁨, 죄책감 등의 여러 감정이 밀물과 썰물처럼 밀려왔다 밀려가곤 한다.

겉보기에는 잔잔하기만 한 바다 깊숙이 헤엄쳐 들어갈수록 소용돌이가 깊어지는 것처럼, 얼핏 보기엔 평온해 보이는 가정도 그 안을 속속들이 들여다보면 가족 구성원 사이에 여러 감정이 얽혀 있게 마련인 것이다.

이때 인격적으로 성숙한 부모들은 모든 가족 구성원들의 감정과 욕구를 이해하고 또 그걸 채워 주려고 노력한다. 이런 태도는 아이를 정서적으로 안정되고 건강하게 자라도록 도와줄 뿐 아니라 한 인간으로 독립해 가는 과정에서도 그 튼튼한 기초와 울타리가 되어 준다.

그들은 '아이들이란 원래 말을 잘 안 듣게 되어 있으며' 그런 아이들에게 '돌이킬 수 없는 마음의 상처를 주어서는 안 된다.' 라는 것, 나아가 '아이들이란 실수를 통해 성숙해 간다는 것' 을 잘 이해하고 있는 부모들이다. 따라서 그들의 자녀가 밀물과 썰물이 교차하는 가정이라는 바다에서 최소한 올바로 헤엄치는 법을 배울 수 있도록 최선을 다하게 되는 것이다. 이것이야말로 부모로서 올바른 교육 태도이다.

● 궁극적으로 중요한 건 '자존심 교육'

마지막으로 자녀 교육에서 궁극적으로 가장 중요한 건 바로 자존심 교육이라는 말을 꼭 해주고 싶다.

자존심이란 자기 수용과 자기 존중의 태도를 말한다. 자존심은 우리가 살아가며 부딪치는 모든 도전을 극복할 수 있는 능력인 동시에 자신의 욕구와 흥미를 존중하고 키워서 정신적 건강을 유지할 수 있게 해주는 궁극적인 힘이다.

건강한 자존심을 지니고 있는 사람이라면 누구나 자기 자신이나 주변 환경에 대해 긍정적인 확신을 하고 인생을 살아간다. 하지만, 반대로 건강한 자존심을 지니지 못한 사람은 자기 자신이나 자신의 인생이 잘못되었다는 확신 속에서 불행한 삶을 살아갈 수밖에 없다.

살다 보면 누구나 때로는 자존심 문제로 갈팡질팡할 수 있다. 어떤 때에는 자기가 아주 능력 있고 잘난 인간처럼 생각되다가도 또 어떤 때는 이 세상에서 가장 쓸모없고 비참한 인간처럼 느껴지기도 하는 경험은 누구나 해봤을 것이다.

특히 아직 성장기에 있는 아이들은 하루에도 수십 번씩 천국과 지옥을 경험하게 된다. 이럴 때 꼭 필요하고도 중요한 것이 바로 부모의 역할이다. 부모가 건강한 자존심을 지니고 아이들을 격려해 줄 수 있는 사람이면 아이들 역시 그런 부모를 거울삼아 자기 이미지를 조정해 나갈 수 있기 때문이다.

지금까지 수많은 환자를 대하면서 나는 겉보기엔 남부러울 것 없이 모든 걸 갖춘 사람들이 자기 비하나 모멸감, 열등감 때문에 몹시 괴로워하는 모습을 참 많이 봐 왔다. 이들은 겉모습은 어른이지만 그 내면은 아직도 부모에게 상처받고 매 맞고 모욕당하는 어린애의 모습을 한 경우가 많다. 부모의 잘못이다.

예술가는 한 작품을 완성하기까지 자신의 온 영혼을 다 바친다. 나의 아버님은 '자녀 교육이야말로 지고의 예술'이라고 주장하시던 분인데 나는 이 말씀에 전적으로 공감한다.

부모란 자녀를 이 세상에 태어나게 함으로써 그 존재를 인정받는 것이 아니다. 그 태어난 아이가 한 사람의 성숙한 인격을 갖추고 이 세상에 두 발을 굳건히 디디고 설 수 있게 도와줄 때 비로소 부모는 그 존재 가치를 인정받고 자기 역할을 다하게 되는 것이다.

난 부모들 스스로 자신들의 문제가 아이들에게 어떻게 투영되는지, 그 아이들이 그 그림자 속에서 벗어나려고 얼마나 힘겨운 노력을 하는지 들여다볼 수만 있다면 이 세상의 모든 정신적 고통의 많은 부분이 치유될 수 있을 거라고 생각한다. 자존심의 성장은 우리에게 행복한 삶을 살 수 있는 터전을 제공해 준다. 자존심 없는 성공이란 언제 자신의 본색이 들통날지 몰라서 전전긍긍하는 사기꾼의 모습이나 다를 바 없다.

자존심은 사회적 성공이나 뛰어난 용모, 인기나 명예에 의해 생겨나는 것이 아니다. 우리의 합리성과 양식, 진실과 정직에서 나오는 것이며 의지로 노력하는 과정이고 우리가 책임져야 할 마음의 작용이다. 이토록 중요한 역할을 하는 자존심을 키워주려면 다음과 같은 과정을 거쳐야 한다.

깨어 있는 의식을 가지고 살아간다.

현실이 괴로워도 회피하지 않고 직면하는 걸 뜻하며 사물에 대해 명확한 개념을 갖는 것을 말한다. 또한, 진실을 존중하고 두려움에 직면해도 자기 역할을 수행

하며 실수를 기꺼이 인정하고 단점을 고치도록 노력하는 것을 의미한다.

자기 자신을 수용하는 법을 배워 나간다.

자기 수용이란 현재의 자기 모습이 어떻든 간에 거부하지 않고 받아들이는 것을 말한다. 자신의 감정이나 생각이나 용모나 과거의 기억이나 신체적 결함까지도 있는 그대로 받아들인다는 것은 용기 있고 당당한 삶의 태도이다.

또 자기 수용이란 자신의 진실한 모습과 직면해 잘못된 부분을 보완하고 고쳐 나가는 과정이다. 이때 우리는 계속해서 자신을 발전시키려 노력할 수 있고 그 것을 통해 인생의 성장과 변화를 추구할 수 있다.

중학교 시절에 외운 영어 문장 가운데 아직도 잊지 않고 마음에 새기고 있는 게 하나 있다. "I am not what I used to be." '난 과거의 내가 아니다.' 라는 뜻인데 생각하면 할수록 오묘한 진리를 담고 있는 말이다. 난 결코 어제의 내가 아니며 내일의 나는 또한 오늘의 내가 아니다. 인생의 성장과 변화를 이처럼 극명하게 표현하는 말이 또 있을까?

다른 사람의 자존심을 인정하고 키워준다

진정한 자존심을 지니고 있는 사람은 자기 자신뿐 아니라 타인의 모습 역시 있는 그대로 받아들이고 존중할 줄 안다.

이러한 발달 단계를 거쳐 궁극적으로 건강한 자존심을 갖춘 독립된 인간으로 성장하게 하는 것, 이것이야말로 우리 자녀교육 최상의 목표가 되어야 할 것이다.

닫는 글

가치관의 중요성 –
삶의 존재 의미를 찾아서

인생이란 동전의 앞뒷면처럼 나름 대로 음영을 지니고 있다. 자녀의 탄생과 성장은 부모로서, 인간으로서 완성의 기쁨을 느끼게 하면서도 그들을 올바르게 가르쳐야 한다는 막중한 부담감을 갖게 한다.

세상의 수많은 갈등 가운데 하나는 도저히 나눌 수 없는 것을 흑과 백 둘 중 하나만 선택하라고 강요당할 때 시작된다. 봄날의 햇살 아래 반짝이는 나뭇잎의 밝은 면이 있으면 그 뒤에는 정확히 그 잎사귀의 넓이만큼 그림자가 지는 게 당연한 일이다. 그런데도 '난 밝은 잎사귀만 갖겠어.'라고 욕심을 부리는 데서 인생의 비극이 시작되는 것이다.

자녀교육 역시 음영이 존재한다는 사실을 인정하고 고스란히 모든 걸 받아들이는 데서 시작되어야 한다. 자녀 교육은 우리에게 기쁨도 주면서 정확히 그만큼의 고통을 준다. 두 가지를 떼어 놓고 생각할 수는 없다. 내가 이 책을 쓴 이유도 결국은 이러한 삶의 모순을 직시하고 그 해결책을 찾아보기 위함이었다.

얼마 전에 만난 두 학부모가 생각난다.

이제 겨우 한 살배기 아이를 둔 한 어머니가 언론매체를 통해 끊임없이 쏟아져 나오는 영재교육 광고를 보게 되었다. 그러자 지금 당장 시작하지 않으면 우리 아이만 뒤처지는 거 아닌가란 생각이 든다며 내 의견을 물었다.

또, 한 아버지는 회사에서 퇴근하고 집에 들어오면 책상 앞에 앉아 있지 않고 벌써 잠들어 버린 아들을 볼 때마다 화가 나서 참을 수 없는데 어떻게 하면 좋으냐고 했다. 참고로 밝혀 두자면 그 아들은 늘 전교 수석 아니면 차석을 하는 아이였다.

대체 무엇이 우리 부모들을 이토록 조급하게 만든 걸까?

자기만의 가치관은 없고 남들이 다 그렇게 하니까 나도 해야 한다고 생각하는 오늘날의 세태를 탓해볼 수도 있다. 그러나 우리는 모두 너무나 잘 알고 있다. 아무리 분명한 가치관과 강한 신념을 지닌 사람일지라도 요즘 같은 세태에서 자신의 신념을 밀고 나간다는 게 얼마나 어려운 일인지를. 특히 그게 아이 교육문제에 이르면 정말 웬만한 용기를 갖고 있지 않으면 세태를 외면할 수 없다는 것도.

시대는 늘 변화하기 마련이고 가치관 역시 그 시대의 조류에 따라 달라지게 마련이다. 우리는 지금 결코 변해서는 안 될 기본적인 삶의 덕목들마저도 새로운 가치관에 휩쓸려 바뀌어 가는 시대에 살고 있다.

과거 우리나라 역대 정권의 병폐 중 하나가 바로 '치적주의'였다. 정권을 잡은 사람이 자기 재임 기간에 뭔가 번듯한 걸 세워 놓아 대대손손 영웅으로 추앙받고 싶은 마음에 국민의 뜻을 거스르면서까지 뭔가 눈에 보이는 업적을 남기려 했던 것이다.

속 모습 보다는 번드레한 겉모습을 중시하는 이런 모습이 교육풍토에도 그대로 반영되어 있는 것 같아 마음이 아프다. 나 자신이 진정으로 원하고 추구하는 것보다는 남들 눈에 좋게 보이는 것을 추구하다 보니 나 역시 남들 다 가는 대학에 안 가면 큰일 나는 세상이 되어 버린 게 아닌가 싶어지는 것이다.

기회만 잘 잡으면 노력 없이도 남들이 수십 년에 걸쳐서 추구한 것을 하루아침에 얻을 수 있다는 사회적 분위기가 우리에게 가치관이란 그 저 기회를 잘 잡는 것으로, 그리하여 돈과 권력을 가지고 떵떵거리며 사는 것으로 바뀌게 한 건 아닐까.

내가 중고등학교에 다닐 때 '자신은 이 혼란한 세상에서 무엇이 참된 가치인지를 자식에게 가르쳐 줄 자신이 없어서 아이를 가질 수 없다'라 고 하신 한 선생님이 계셨는데, 살아갈수록 그분 말씀이 명료하게 떠오르곤 한다.

나 자신도 가끔은 내 아이들에게 무엇이 진정한 삶의 가치이며 덕목인지를 가르치는 데 혼란을 느낄 때가 많다. 그러나 세월이 흐르고 세태 가 아무리 혼란스러워도 영원히 변하지 않는 인생의 가치는 삶의 진정 한 의미를 발견하는 것에 있다는 생각만은 분명하게 지니고 있다. 자기 삶의 존재 의미를 찾아서 진정한 해답을 구하기 위해 노력하다 보면 인 생의 참된 가치가 무엇인지 어느 땐가 깨닫지 않겠는가.

나 자신 역시 이 지상에서 언제 사라질지 모르는 한 인간이지만 나의 존재가 내 아이들 세대로 이어지고 또 그다음 세대로 이어지는 생명의 고리라는 사실을 자각한다면 올바른 가치관에 대한 해답도 스스로 찾 을 수 있지 않겠는가 하는 생각을 해 본다.

엄마에게

교육의 가치관도 이러한 관점에서 출발할 수 있을 것이다.

플라톤은 교육의 목적이 통치자를 계몽하여 철학적 군주가 통치하는 이상 국가를 실현해 시대의 요구에 가장 민감하고 가장 예민하게 반응하는 양심을 가진 사람이 되게 하는 데 있다고 했는데 나는 그의 말이 오늘의 시대에도 고스란히 적용되는 것을 온몸으로 체험하곤 한다.

자녀 교육 역시 자녀를 성장, 발전하는 생명의 한 부분으로 자각하는 데서 출발해야 한다. 교육은 그들이 인생을 더욱 의미 있고 풍요롭게 하며 사회적 책임과 양심에서 눈을 돌리지 않도록 하는 데 중점을 두어야 할 것이다.

내 삶은 단거리 경주일지도 모르나 인류의 삶은 장거리 경주이다. 그러므로 우리는 아이들에게 그 기나긴 시간을 이겨낼 수 있는 체력과 정신력을 키워 주어야 한다.

이 세상 모든 부모가 공통으로 지니고 있는 욕심이 있다면 그건 아마도 내 아이가 인생의 쓴맛을 알게 되는 시기를 조금이라도 늦춰 주고 싶은 욕구일 것이다. 그러나 누가 뭐래도 인생은 고해이고 아이들은 나고 자라면서 그 고해 속에서 때로는 비틀거리기도 하고 때로는 넘어지기도 할 것이다. 이때 자기 안에 올바른 신념과 가치관을 지니고 있으면 그 인생은 여러 가지로 달라질 수 있다.

진정한 부모 역할은 아이에게 올곧은 인생의 가치와 덕목을 가르쳐 주는 데 있다. 아이의 인생에 부모로서 더 이상의 큰 공헌은 없다.

언젠가 내 아버님께서 서정주님의 '국화 옆에서' 라는 시를 인용해 하신 말씀이 있다.

"한 송이 국화꽃을 피우기 위해 봄부터 소쩍새는 그렇게 울었나 보다! 라고 했는데 소쩍새가 울지 않아도 국화꽃은 피는데 소쩍새는 마치 자기 자신이 국화꽃을 피우기 위해 울어대는 것으로 착각하고 산 것은 아닐까. 나 역시 그런 소쩍새의 역할을 하면서 착각 속에서 인생을 살아온 것 같은 기분이 들 때가 있다."

그 말씀을 듣는 순간 느닷없이 가슴이 찔끔했다. 그리고 착각과 모순 속에 허둥대며 인생을 허비하지 말라는 교훈으로 마음에 간직했다.

이 글을 끝내면서 나는 마지막으로 우리 부모들 역시 그런 착각 속에서 사는 것은 아닌지 돌아보라고 말하고 싶다. 우리가 그처럼 피맺히게 울지 않아도 우리 아이들은 저마다 자란다. 오히려 소쩍새 같은 부모의 역할이 아이의 올바른 성장을 방해할 수도 있지 않을까. 그런 면에서 우리의 자녀 교육은 궁극적으로 아이들이 건강한 자아상을 가질 수 있도록 길을 열어 주고 아이들 스스로 자신의 길을 찾아갈 수 있도록 이끌어 주는 데 그 목표를 두어야 할 것이다.

아이를 밝고 환한 길로 이끌어 주면서 자신은 그늘에서 그 빛남을 더욱 강조해 주는 역할에 만족한다면 우리의 부모 역할 역시 대성공으로 빛날 것이다.

엄마에게